ＴＰＰの何が問題か

天笠啓祐

緑風出版

目次

ＴＰＰの何が問題か

まえがき

ＴＰＰ参加は何をもたらすか？

グローバリズムは、経済成長を追い求め続けてきた資本主義社会がたどり着いた帰結といえる。かつて、経済的な行き詰まりを解決するために戦争が引き起こされてきた。グローバリズムは、その「戦争」状態と同じものだといっても過言ではない。あるいは「戦争」そのものといってもいいかもしれない。

貿易自由化は、経済の国境の壁を「貿易障壁」という言葉で排除してきた。この壁が取り払われれば、すべての企業が同じ条件で競争することが強いられる。いってみれば、同じスタートラインに立って、一斉の競争を行うのである。陸上競技の一〇〇メートル競争にたとえれば、オリンピックの金メダリストも小学生や幼稚園の児童も、同じスタートラインに立ち競争することになる。金メダリストこそ、巨大多国籍企業であり、結果は、おのずから明らかである。こうして巨大多国籍企業が、思いのままに活動できる世界が現出することになる。それはすでに進行しており、弱肉強食の社会になっている。多国籍企業が支配を狙っているものには食料や水など、人々が生きていくうえで欠かせないものまでもが含まれており、大変深刻な事態が現出しつつある。

現在の状況の本質は何かと問われれば、「多国籍企業が世界の支配者になった」ということができるだろう。巨大な力を持ったうえに、多国籍ということで、国というガバナンス（統治）を上回る支配力を持ってしまった。

最初、この経済の壁を取り払う動きは、地球規模で進められた。そのためにWTO（世界貿易機関）が設立されたが、世界レベルでの同時の自由化が、各国の利害の前に行き詰まり、話し合いの場であるドーハ・ラウンドが凍結状態に陥った。代わりに二国間、数カ国間でのFTA（自由貿易協定）やEPA（経済連携協定）が無秩序に先行し、さらに地域を拡大しながら自由貿易協定が広がっていった。日本もいくつかの国と自由貿易協定を締結してきた。その地域間の自由貿易協定締結が徐々に拡大してきた。その代表格がTPPである。TPPとは環太平洋経済連携協定（Trans-Pacific Partnership）の頭文字である。

TPPは当初、四カ国（ニュージーランド、シンガポール、ブルネイ、チリ）による比較的自由貿易度の高い国々によって締結され、二〇〇六年五月二八日に発効した協定だった。いってみれば自由貿易で利益を得やすい国々が結んだ協定であり、しかも貿易の全体をカバーするような包括的な協定だった。しかし二〇〇八年二月に、このTPPに米国が参加を表明してから、性格が大きく変わった。米国が参加を表明したことで、雪崩を打ったように参加を表明する国が出始め、米国を軸にしたアジア太平洋を囲んだ広範な地域での自由貿易地域づくりへと変わったのである。

まず米国以外にオーストラリア、ベトナム、ペルーが参加を表明、二〇一〇年三月から八カ国で拡大交渉が始まり、さらにマレーシア（二〇一〇年一〇月）、メキシコとカナダ（二〇一二年一一月）が加わり、ついに日本も交渉への参加を表明し、二〇一三年七月の拡大交渉会合から参加してきたのである。

このＴＰＰの最大の特徴は、レベルの高い自由化を目指しており、原則的に例外を認めず、ほぼ完全な自由貿易を求めていることにある。そこに目を付けたのが米国である。オバマ政権は「輸出倍増計画」を打ち出したが、そのためには大きな市場であるアジア太平洋地域への貿易拡大が必要であり、そのために目を付けた自由貿易協定といえる。

このＴＰＰの問題点は、原則例外を認めない徹底した自由貿易を求めているだけではない。毒素条項と呼ばれる「ＩＳＤ（投資家国家紛争処理）条項」があることで強制力を持っている点にも特徴がある。例えば米国の投資家が日本政府を訴えることができる条項で、世界銀行のもとにある紛争処理機関で争われる。ＮＡＦＴＡ（北米自由貿易協定）で行われた争いで、これまで米国の投資家が負けたことがない。日本では最近、西武鉄道の一部路線の撤廃などが、西武の株を多く持つ米国の投資ファンドによって提案されたが、このような事例が頻発し、もし国家主権にかかわるような事態に発展したとしても、投資家の訴えが国家の主権を上回ることを意味する。

さらには、韓米ＦＴＡ協定で規定された「ラチェット条項」と呼ばれる、後戻りを認めない規定も設定されると考えられる。もし日本の農業が壊滅的な状況に陥ったため、ふたたび日本の農業を守ろうとして規制を再強化したいと考えても、それを認めない条項である。また交渉の過程は「秘密」になるため、どのような交渉が行われているか、市民ばかりか国会議員にも知らされないのである。交渉結果だけが押し付けられることになる。

現在、日本の国民皆保険制度が保険会社の自由な活動を妨げていると指摘されている。この制度は低所得者も医療を受けられる優れた制度であるが、それを撤廃しろという圧力が加えられるのは必至である。日本はコメを軸に守ってきた農業の保護政策も「貿易障壁」として撤廃の対象となる。そのため農業は壊滅的な打撃を受け、ただでさえ自給率が低いのに、さらに輸入食品が増えることになる。食の自給が奪われることは、安全が確認されにくい輸入食品に食卓を占拠されることを意味する。それに加えて食の安全性を守ったり、環境を守るためにとられている規制に対しても「非関税貿易障壁」ということで緩和や撤廃の圧力が加わる。

ＴＰＰ参加は、このように日本という国の形を大きく変えるだけでなく、私たちの暮らしも、環境も、食生活も激変させることになる。

ＴＰＰ協定交渉（二一交渉分野、二四作業部会）の焦点

1　市場物品アクセス（農業、繊維・衣料品、工業の三作業部会）　関税の撤廃や削減など
2　原産地規則　関税の減免となる原産国の産品の基準や証明など
3　貿易円滑化　貿易の透明性や簡素化など
4　ＳＰＳ（衛生植物検疫）　食の安全性、動物感染症など
5　ＴＢＴ（貿易の技術的障害）　環境、表示、規格など
6　貿易救済（セーフガード等）　国内産業保護のためにとられる緊急措置など
7　政府調達　中央政府や自治体などによる調達での内国民優遇や入札手続きなど
8　知的財産　特許や著作権の保護強化など
9　競争政策　カルテルなどによって自由競争が阻害されないようにできるかどうかなど
10　サービス・越境サービス貿易　サービス貿易のルール作りや改善など
11　サービス・商用関係者の移動　ビジネスでの入国や滞在の簡素化など
12　サービス・金融サービス　国境を超える金融分野サービスのルールなど
13　サービス・電気通信サービス　通信インフラをもつサービス提供者への義務など
14　電子商取引　電子商取引のルールの整備や原則など
15　投資　内外投資家の無差別原則や紛争解決の手続きなど

16　環境　貿易や投資が環境を破壊しかねないことなど

17　労働　貿易や投資が労働条件を緩和しかねないことなど

18　制度的事項　この協定の運用

19　紛争解決　締約国間の紛争解決の手続きなど

20　協力　協定の合意事項を履行するために、国内体制が不備な国への支援など

21　分野横断的事項　複数の分野にまたがる規制や規則などが、どうしたら貿易障壁にならないか

（その他に特定の分野を扱わない「首席交渉官会議」がある）

ＴＰＰ関連年表

二〇〇六年　五月二八日にニュージーランド、シンガポール、ブルネイ、チリの四カ国によるＴＰＰの原協定（Ｐ４協定と略す）が発効

二〇〇八年　二月に米国が参加を表明

二〇一〇年　三月にＰ４協定四カ国に米国、オーストラリア、ベトナム、ペルーが加わり、八カ国で拡大交渉が始まる

二〇一〇年　一〇月に菅首相（当時）が翌月開かれるＡＰＥＣ（横浜で開催）に向けて、所信表明演説でＴＰＰ交渉参加の意向を表明

二〇一〇年　一〇月にマレーシアが交渉参加（九カ国に）
二〇一一年　一一月に開催されたＡＰＥＣ（ホノルル開催）で交渉九カ国大枠合意、野田首相（当時）が交渉参加の意向を表明
二〇一二年　一一月にメキシコとカナダが交渉参加（一一カ国に）
二〇一三年　三月一五日に安倍首相が交渉参加を正式に表明
二〇一三年　七月に日本政府が交渉参加（一二カ国に）

アジア太平洋の自由貿易地域圏

1　ＴＰＰ関連

ＴＰＰ（Ｐ４協定）　ニュージーランド、シンガポール、ブルネイ、チリの四カ国
ＴＰＰ（拡大交渉国）　Ｐ４協定国＋米国、オーストラリア、ベトナム、ペルー、マレーシア、メキシコ、カナダ、日本の一二カ国

2　ＡＳＥＡＮ関連

ＡＳＥＡＮ（東南アジア諸国連合）　タイ、インドネシア、マレーシア、フィリピン、シンガポールの五カ国で結成。後にブルネイ、ベトナム、ミャンマー、ラオス、カンボジアが参加し一〇カ国に
ＡＳＥＡＮ＋３　一〇カ国＋日中韓

ＡＳＥＡＮ＋６　一〇カ国＋日中韓＋インド、オーストラリア、ニュージーランド

3　北南米関連

ＮＡＦＴＡ（北大西洋自由貿易地域）　米国、カナダ、メキシコの三カ国

ＭＥＲＣＯＳＵＲ（南米南部共同市場）　アルゼンチン、ブラジル、パラグアイ、ウルグアイ、ベネズエラ、ボリビアの六カ国（準加盟国チリ、コロンビア、エクアドル、ガイアナ、ペルー、スリナム）

ＦＴＡＡ（米州自由貿易圏）　南北アメリカ大陸全体を自由貿易圏とする構想だが合意されていない

4　最終的に目指している自由貿易地域協定ＦＴＡＡＰ（アジア太平洋自由貿易圏）参加想定国

ＡＳＥＡＮ＋日中韓＋ＮＡＦＴＡ＋ＴＰＰ＋ロシアなど

5　ＡＰＥＣ（アジア太平洋経済協力閣僚会議）参加国

日本、米国、カナダ、韓国、オーストラリア、ニュージーランド、タイ、インドネシア、マレーシア、フィリピン、シンガポール、ブルネイ、中国、台湾、香港、メキシコ、パプアニューギニア、チリ、ロシア、ペルー、ベトナムの二一カ国・地域

第一章　相次ぐ食をめぐる事件発生とグローバリズム

なぜ食品偽装事件は繰り返されるのか？

食の問題から話を始める。最近、食の安全の根幹にかかわる事件が相次いでいる。このような有名ホテルやデパートなどで起きた表示偽装のような事件は、繰り返し起きてきた。二〇〇二年には、ＢＳＥ（ウシ海綿状脳症）問題に絡んで雪印食品や日本ハムによる牛肉産地偽装事件が起きた。二〇〇七年には、ミートホープ事件、比内地鶏《ひないじどり》事件、船場吉兆事件など、多くの事件が起きた。この時、白い恋人、赤福、崎陽軒など名だたるメーカー・有名ブランドの食品での表示偽装が発覚している。そして二〇一三年には、阪急阪神ホテルズなどの有名ホテルやデパートのレストランなどで相次いで表示偽装が発覚した。五〜六年間隔で、前回の事件の余韻が消え去った時期に、また発覚するという事態が続いている。このような一定の間隔を経て、忘れたころに事件や事故が起きるケースは、工場や原発など他の分野でもよく見られることである。

二〇一三年に発覚した事件の特徴は、有名なホテルで相次いだ点にある。とくに阪急阪神ホテルズが運営するホテルのレストランなどで発覚したケースは、そのブランドを大きく傷つけた。直前にも、東京ディズニーリゾート内のホテルのレストランでも、安価なブラックタイガーを「クルマエビ」と記すなどの事件が起き、プリンスホテルがレストランなど二七店六六食品で、地鶏ではないのに地鶏と表示するなど、表示と異なる食材を使っていたことが発覚した。阪急阪神ホテルズの傘下にあるリッツカールトン大阪のような超一流といわれるホテルでも、同様の偽装事件が発覚した。

なぜ、このような表示偽装事件が相次ぐのか。阪急阪神ホテルズ側は、事件の原因について「だます意図はなく誤表示」だったと説明している。これが説明にならないことは、誰もが分かることである。最初の段階で、類似した安い食材を仕入れているのであるから、意図的であることは間違いない。

なぜ、一流ホテルなどで今回の事件が起きたのか。四つの理由が考えられる。第一に景気悪化があげられる。なぜ姑息な手段を使ってまで利益を上げなければいけないかというと、ホテル業界はいま、宿泊客だけではなかなか利益が出ないのが現実だからである。その売上げは、二〇〇六年をピークに右肩下がりの状況が続いてきた。過当競争による値崩れが起き、地方のホテルを中心に苦しい状況が続いている。それに加えて、外資の参入が相次ぎ、さらに競争が激化した。それに追い討ちをかけたのが、福島第一原発事故で、外国からの観光客が激減し、売り上げはどん底に落ちた。生き残りのために利益が出るレストランの食材に手を付けた、というのが理由の一つである。

第二は、牛肉での合成肉や霜降り技術、コピー食品など、安物を高級品に見せかける偽装技術の一般化があげられる。かつてはファーストフード店やファミリーレストランなど、低価格で食品を提供しているところで使われ、普及していた技術が、高級レストランまで広がったといえる。

第三は食品表示制度の問題である。外食産業は表示の対象外であることに加えて、景品表示法の規制があいまいな点があげられる。レストランや対面販売などは、食品表示の対象外であり、ほとんどのレストランで、メニューに原産地、食品添加物、遺伝子組み換えの有無などは表示されていない。現在、消費者庁により作成された新たな「食品表示法」が成立したのを受けて、従来の表示制度の見直しが進められているが、そこでも、外食産業のメニュー表示の義務化は検討もされていない。高級レストランでは、意図的に高級ブランドの食材を使っていることを表示してきた。それは、価格を高く設定するためである。このような場合、景品表示法によって、著しい優良誤認を与える表示は禁止しているが、とくに基準があるわけではなく、そのためホテルは超一流の食材を提供していることを強調することで、高い価格を設定してきた。そのことが一連の事件の温床になった。

そして第四番目こそが、最大の理由のグローバル化である。安い食材の提供先は、主に輸入されたものである。グローバル化によって安い食材が簡単に手に入るようになった。二〇一三年に発覚した一連の事件のケースでも、例えばそばに中国産が混じっていたにもかかわらず、信州そばと表示するなど安い外国産を用いながら、国産と偽ったケースがよく見られた。回転寿司のネタが大半、日本で採れた本物の魚から、輸入の「似た魚」にとって代わられたが、消費者はほとんど気づかない。そこにも偽装が起きる背景がある。

TPP参加により、自給率の大幅な低下が予想される。さらに競って低価格競争が起きかねない。それに対抗するために、一流ホテルは高級化・高価格化を推し進めることになると思うが、経営が危機になると、また今回のような事件が繰り返されることになる。災害は忘れたころにやって来るというが、事件や事故も同様である。

冷凍食品の悪夢ふたたび

また、冷凍食品で農薬混入事件が発生した。事件はマルハニチロホールディングス（以下、マルハ）の子会社アクリフーズの群馬工場で起きた。二〇〇七年には、中国・天洋食品が製造し、輸入した餃子に農薬が混入していて、それを食べた人の間で中毒患者が発生した。今回の事件と状況は大変似ている。前回も、食にかかわる事件が多発した時と重なった。今回も有名ホテルやデパートなどで食品偽装が相次いだ時期に重なった。

経緯も似ている。中国産餃子事件は、天洋食品という中国企業が作った冷凍餃子の中に農薬が入り込み起きた中毒事件である。事件を起こした冷凍餃子は四〇個三八〇円、一個一〇円を切る格安の値段で販売されていた。その安さの源泉を探るために、天洋食品で働いている人の賃金を調べたところ、時間給で二〇〜三〇円程度だった。中国は経済成長を遂げ、日本の中流階級よりも豊かな層が億単位で存在するまでになった。その中でこの時間給は、あまりにも安い。その安さを支えているのが、中国の農村の人たちである。中国の農村は貧しく、都市部と比べて格差が大きい。その安い労働力を使って、安い食品が作られている。そのような労働現場であるからこそ、衛生状態も悪く、ネズミやゴキブリがいるような現場だった可能性が高い。その対策のため農薬が使われ、それが何らかの形で食品に混入したと思われる。もちろんこれは、私の推定でしかないが、現実的に中国政府によって「犯人」が特定され、事件そのものが隠されてしまった以上、事実経過は推定するしかない。

今回のアクリフーズ事件も、冷凍食品であること、農薬が入っていたこと、価格競争にさらされているという同じ背景があることなど、事件の中身はそっくりである。違うのは、今回は日本の企業だった点にある。前回は「中国の企業だったから」で済ませたところがあるが、今回はそうはいかない。また、毒餃子事件では日本の警察はかかわることができなかったが、今回は取り調べることができ、犯人逮捕に至った。事件は、アクリフーズの群馬工場で製造された冷凍食品から殺虫剤のマラチオンが検出されたというもの。マルハによると二〇一三年一一月半ばから一二月末にかけて三品目計二〇パックで苦情が寄せられたということである。マルハがこの事件を発表したのは一二月二九日のことだった。農薬が検出されていたのはピザやコロッケなどで、同社によると、回収対象は実に約六三〇万パックに達するという。

アクリフーズは、最初は雪印乳業の冷凍食品部門としてスタートしたが、二〇〇〇年に雪印乳業事件が起き、分社化され、社名を変更した後、マルハと統合する前のニチロの子会社になり今日に至っている。改めて、牛乳を飲んだ人の間で中毒が広がった雪印乳業事件が思い出される。

この雪印乳業事件も、今回同様に、経済性を重視して、ぎりぎりまで合理化された労働現場が、原因となった。この事件は、同社大阪工場で製造した牛乳に含まれていた黄色ブドウ球菌の毒素が原因で起きた。なぜこの毒素が牛乳に入っていたか、その原因を探っていくと、同社の経済性優先、安全軽視の体質が浮かび上がった。この毒素は、北海道にある同社の大樹工場が製造した、牛乳に混ぜる脱脂粉乳に入り込んでいた。同工場が三時間にわたり停電を起こした際に、本来、冷やし続けなければいけないにもかかわらず、加温した状態が続き、黄色ブドウ球菌が増殖し毒素が作られていった。工場は、加熱すれば細菌は死ぬので問題ないと判断した。しかし、細菌は死ぬかもしれないが、毒素は死なない。その毒素入り脱脂粉乳を大阪工場が用いた。

その大阪工場では、返品や在庫として残った牛乳を混ぜて再調合して出荷していることも明らかになった。また乳成分の調合を、屋外でしかも素手で行っていたことも明らかになった。さらに問題だったのは、同社がとっている「D—0」だった。これはトヨタ生産システムの「ジャスト・イン・タイム」を採用したもので、製造した牛乳をその日のうちに店頭に並ばせる方法で、徹底的に効率を追求したシステムである。多くのスーパーマーケットやコンビニが三六五日営業である。そのため工場も休みなしで稼働させていた。休みがないということは、清掃や消毒の時間がないことを意味する。

いま、多くの企業や工場が、トヨタ生産システムを採用している。経済性優先、安全性軽視が蔓延している中で、このシステムを採用すれば、このような事件が起きる可能性は高まる。しかも、この雪印乳業事件が起きた時よりも、いま状況は悪化している。

冷凍食品業界で、見てみよう。冷凍食品は、中国産毒餃子事件が起きて、それまで右肩上がりで増え続けてきた消費量が一時減少に転じた。輸入ものだけでなく、国産も減少したのである。輸入ものは、二〇〇八年、二〇〇九年と減少した後、二〇一〇年から増加に転じた。現在も家庭用冷凍食品を中心に好調さを保っている。二〇〇九年には冷凍野菜輸入額一〇四七億円、調理冷凍食品輸入額九一六億円まで落ち込んだが、二〇一二年には冷凍野菜輸入額一三三一億円、調理冷凍食品輸入額一二二八億円になり、三〇%以上の伸びを示したのである。しかし、伸びたのは輸入だけで、国産ものはこの間、消費量は伸びず横ばいだった。

一番大きな問題は、この輸入の増加、国産の伸び悩みである。毒餃子事件以前の二〇〇六年と二〇一二年を比較して見ると、国内の冷凍食品メーカーの工場数は、七七八から五一三に減少、企業数も六四一から四二九に減少している。数量も一五五万トンから一四七万トンに減少、金額も六六五六億円から六三九二億円に減少している。輸入に押されている現状が見てとれる。

このことが作業現場に影響しないわけがない。冷凍食品工場で働いている人のほとんどが非正規雇用であるし、犯人として逮捕された労働者もそうである。外国人労働者の多い大泉町に立地したということは、安い労働力を求めてのことであることは明らかである。現場の人員は削りに削られていると思われる。安い賃金で長時間労働を強いられている可能性も高く、安全性や消費者のことを考える余裕もなくなっていると思われる。今回の事件の背景にはこんな状況が広がっているのである。これはこの工場だけのことではない。ほとんどの産業分野で同時並行的に起きていることである。

同様の事件は他分野でも起きる

グローバル化は海外の安価な原料や製品の流入を加速してきた。いまスーパーなどに行き、食品売り場を歩くと、一見国産に思える加工食品でも、その原料のほとんどに輸入食材が用いられている。野菜はアジア、穀物は米国、食品添加物は中国産が多い。輸入穀物や野菜は、長距離輸送の際に起きるカビや腐敗などを防ぐため、ポストハーベスト（収穫後）農薬を多量に用いることが当たり前になっている。食品添加物も輸入ものが増大しているが、特に増えているのが中国産添加物で、不純物が多く安全性に懸念が生じている。さらには北南米産の穀物では遺伝子組み換え作物が増え続け、いまや日本人は、生産国の米国などとともに世界で最も遺伝子組み換え食品を食べている国民と見られている。

グローバル化の中で、多くの企業が外国からやって来る安い製品と対抗するために、ぎりぎりまで合理化を進めてきた。食の安全を脅かす事件が食品産業で相次いだが、同様の事件が、他の産業分野、企業や工場で起きても不思議ではない。しかも、ＴＰＰに参加することは、さらに激しい競争にさらされることを意味する。さらに、安全を配慮する余裕が失われていく。

第二章　ＴＰＰが脅かす食の安全

米国産作物によって「甘味」が支配され、健康障害が拡大する

輸入食品の増大それ自体が食の安全を脅かす例を上げる。ＴＰＰで国産の保護政策が打ち切られる可能性が大きいものに、コメと並んで砂糖がある。現在国産の砂糖に取られている保護政策が、貿易障壁に当たるとして廃止され、自由化が求められることになるからである。このことは、私たちの食卓から国産の砂糖が奪われるだけでなく、米国のトウモロコシとテンサイによって、日本の食卓での「甘味」が独占されることを意味し、さらには健康への影響拡大の恐れも強まることになる。食の安全に直結する問題なのである。

冷蔵庫やスーパーのお菓子売り場などで、清涼飲料水や菓子、調味料などの表示を見ると、「ブドウ糖果糖液糖」あるいは「果糖ブドウ糖液糖」という表示があるものが多くなった。このブドウ糖果糖液糖のようなものを異性化糖という。

二〇一〇年三月二二日付「ニュース・オブ・プリンストン」で、米国プリンストン大学のヒラリー・パーカーらの研究チームが行った二つの動物実験が紹介された。一つは、異性化糖を与えたマウスと、砂糖を与えたマウスでは、前者の方が体重が異常に増えるという結果である。もう一つは、異性化糖を六カ月間摂取し続けると、メタボリック・シンドロームと呼ばれる状態が起きるという結果である。

沖縄で広がるＴＰＰ反対運動

その後発表された、南カリフォルニア大学などの研究者が報告した論文では、異性化糖を多く食べている国民と、砂糖を多く食べている国民を比較したところ、前者の方が糖尿病が多いという結果が出た。これは「グローバル・パブリック・ヘルス」（二〇一三年八巻一号）に「異性化糖と糖尿病の拡大」という論文で発表された。この論文では、四三カ国を調査し、米国のように異性化糖が多い国とヨーロッパの多くの国のようにほとんど異性化糖を摂取していない国が比較された。

公衆衛生の研究者などで構成されている世界ネットワークの「ＧＢＭＲＦ」のデータでは、異性化糖を多く摂取している国民での糖尿病の割合が八・二％、砂糖を多く摂取している国民が六・九％。

国際糖尿病連合でのデータでは、異性化糖を多く摂取している国民での糖尿病の割合が七・七％、砂糖を多く摂取している国民が六・四％。いずれも約一・二倍、糖尿病の割合が高いという結果になったのである。なぜヨーロッパで異性化糖が用いられていないかというと、ＥＵ域内での砂糖の生産を保護するためである。

異性化糖は、いまや清涼飲料水だけでなく、菓子、調味料、酒類などさまざまな食品に用いられるようになった。その理由は、砂糖に比べて三割近く安いからである。異性化糖は英語で「コーンシロップ」というが、現在、異性化糖の原料として用いられているのは、その名の通り大半がコーンスターチである。でん粉の供給量の約九割がコーンスターチであり、そのコーンスターチ用トウモロコシは、ほぼ一〇〇％米国から輸入されている。でん粉の需要先の三分の二が、清涼飲料水などの糖化製品である。

米国では、トウモロコシの生産面積を大幅に拡大させてきた。その最大の原動力が、トウモロコシ価格の高値安定である。作付面積は増え続け、過剰生産のはけ口として需要先と同時に輸出を増やしてきた。最大の需要先が、バイオ燃料である。現在、米国で生産されるトウモロコシの約四割がバイオ燃料に回されており、さらには飼料やコーンスターチとして世界中に売り込んできた。

その結果、日本でのトウモロコシの消費量も、年間約一五五〇万トンに達し、コメの消費量の約八〇五万トンの約二倍に達している（二〇一一年、九州大学大学院農学研究院・旧伊東研究室）。

このトウモロコシのほとんどが米国産である。日本人の主食は、量から見るとすでに以前から米国産トウモロコシであり、その米国でのトウモロコシ生産高に占める遺伝子組み換えトウモロコシの割合は、実に約九〇％（二〇一三年）に達している。その遺伝子組み換えトウモロコシの種子の大半が、モンサント社のものである。

そこに新たに加わろうとしているのが、遺伝子組み換えテンサイである。テンサイは砂糖大根とも呼ばれているが、北米やヨーロッパでは砂糖の原料として多く用いられている。米国では、そのテンサイの九五％が、遺伝子組み換えである。遺伝子組み換えテンサイ以外は、ほとんど存在しなくなったのである。そのテンサイが大量に日本にやってくる。

北海道ではいたる所に反対のポスターがたっている

現在、砂糖価格やでん粉価格は、国内産が不利となっているため、「砂糖及びでん粉の価格調整に関する法律」があり、それにより安価な輸入品から徴収した調整金を財源に、国産品の生産者や事業者に交付金を交付して、価格競争に耐えられるようにしている。日本がＴＰＰ交渉に加盟すると砂糖が自由化され、価格調整が失われ、日本の砂糖生産は価格面でとても太刀打ちできず崩壊する。

そのことは私たちの食卓の問題に直結してくる。かろうじて維持されてきた国産の砂糖がなくなり、安価な米国産コーンスターチとテンサイに席巻されることを意味する。それは、日本人の健康問題にもつながる重大な問題なのだ。

二〇〇九年度の実績

コーンスターチ用トウモロコシの輸入量

全体の輸入量　三一三五（千トン）

内、米国からの輸入量　三一二二（千トン）

でん粉の供給量

全体の供給量　二六六五（千トン）

内、コーンスターチ　二二四八（千トン）

でん粉の需要量

全体の需要量　二六四八（千トン）

内、糖化製品　一七一二（千トン）

すでに始まっている食品添加物の承認圧力

毎年、米国政府通商代表部は、日本政府に対して輸入規制の緩和や安全性評価の緩和などを求めており、日本政府はそれに応えてきた。二〇一一年三月三〇日に出された同通商代表部の報告は、すでに日本のＴＰＰ参加をにらみ、食の安全に関わる規制の緩和を、いっそう強く求めてきている。その一つに食品添加物がある。

二〇一三年一二月四日、厚労省によって新たに「酢酸カルシウム」が食品添加物として認められた。これにより「指定食品添加物」は二〇一三年に八つが加わり、一〇年前は四〇〇品目もなかった指定食品添加物が、あっという間に四三八品目まで増えてしまった。指定食品添加物とは、化学合成添加物で厚労大臣が使用を認めたもののことである。このところ急ピッチで新たな食品添加物の承認が進められている。

なぜこのように、急ピッチで認められるようになったかというと、それこそ貿易自由化促進の流れであり、現在ではＴＰＰ参加を睨んで進められている、ということができる。この酢酸カルシウムは、「国際汎用食品添加物」と呼ばれるものである。問題は、この安全性評価もまともに行われないまま、次々に日本政府が承認している国際汎用添加物にある。

この国際汎用添加物は、貿易の自由化・促進のために、それまで各国ごとで行われていた安全性評価や承認を、国際統一化しようという流れの中で登場した。なぜ各国ごとに安全性が評価され、承認されてきたかというと、それぞれの国で食文化が異なり、摂取する食品の種類や摂取量が異なるからである。しかし、そのことは貿易促進には都合が悪い。ある国で認めているのに、他の国では認めていないものが多くなり、食品の輸出入ができなくなるためである。そこで国際統一化を進める動きが強まった。いわば欧米で認めているものは、日本でもどんどん認めるべきだということで、リストアップされ、認められてきた添加物といえる。

この動きは、WTO（世界貿易機関）が設立されたのをきっかけに始まった。WTOは、加盟各国に食品の規格や基準、表示や安全性評価などについて国際的に統一化することを求めた。各国ごとにばらばらな状態が貿易障壁に当たると考えたからである。WTOはその際、統一化にはコーデックス（CODEX）の規格や基準等を採用するとした。コーデックスとは、国連のFAO（食糧農業機関）とWHO（世界保健機関）の共通の下部機関で、食品にかんするさまざまな規格や基準などを決めている。有機食品の国際規格や遺伝子組み換え食品の安全性評価の国際基準なども決めてきた。それまで注目もされなかったこの国際組織が、WTOが設立されてからは、いっきに注目度を増した。コーデックス規格が世界の規格になったため、コーデックスという機関そのものの権威が強まり、またその基準や規格が大変強い拘束力を持つものに変貌した

そのコーデックスには「食品添加物に関するコーデックス一般規格」がある。世界各国が、この規格に基づいて食品添加物を認めることが求められるようになった。またこのコーデックス規

格と連動した形で、同組織から独立したＦＡＯ・ＷＨＯ合同食品添加物専門家会議が、個々の食品添加物について独自に安全性評価を行ってきた。

日本政府が「国際汎用食品添加物」を指定し、承認を急ぎ始めたのは、二〇〇二年からだった。この年、中国産食塩から、日本では未承認の食品添加物「フェロシアン化合物」が検出されたことによる。この食品添加物は、塩が水分を含むとべたついてくるため、それを防いでサラサラの状態を維持するのに用いたものである。欧米では塩漬け食品などによく用いているが、日本では認めてこなかった。それは猛毒物質のシアンが用いられているからで、フェロシアン化合物も、化学変化を起こすと毒性が強まることが分かっているからだった。この中国産食塩に対して厚労省は厳しく取り締まることをせず、むしろ承認を急ぐ形で決着を図った。

この事件をきっかけに、厚労省は二つの条件に基づいて国際汎用食品添加物「四六品目」を選び、承認を急ぐことにしたのである。その二つの条件とは、①ＦＡＯ・ＷＨＯ合同食品添加物専門家会議が安全と評価したもので、②欧米等で広く用いられているものだった。各国ごとに食文化が異なるため、各国ごとに評価することが、これにより放棄されたのである。また安全性評価も省略されるようになった。

すでに承認された中には、フェロシアン化合物にとどまらず、食品衛生法によって「原則認めない」としている抗生物質の「ナイシン」や「ナタマイシン」も含まれている。しかし、この承認スピードに対しても、米国政府などは、まだ遅いといって批判を行ってきた。そのためＴＰＰ

参加が現実化する中で、厚労省はさらに承認をスピードアップするために、政府による規制・制度改革に係る方針（二〇一一年四月八日閣議決定）に基づき「食品添加物の指定手続の簡素化・迅速化」措置を決めたのである。垂れ流し認可体制ともいえるものが作られたのである。今回の承認は、そのスピードアップを受けてのものだった。まもなく「四六品目」すべてが承認され、その次にはさらに「A1」リストと呼ばれる、国際的に認められているが、日本で認めていない食品添加物の約一〇〇種類すべてが承認されることになる。次々と認められる食品添加物は、安全性より、貿易の自由化が優先された結果である。

このように、いま、食品添加物をめぐる状況は、大きく変わった。この間の変化を、まとめてみると次のようになる。

第一は、「国際汎用添加物」という名で、次々と新しい食品添加物が承認され、さらに新たな「A1」食品添加物すべてが認められることになる。

第二は、大量の食品添加物が、海外からやって来るようになった。輸入が増えたのは、食品だけでなく、食品添加物も増加している。特に増えているのが中国産で、安さがその理由である。

第三は、海外から入ってくる食品添加物は、製造方法が不明であり、よりブラックボックス化している。食品添加物はもともと消費者には見え難い世界である。かつて香料に、使ってはいけない化学物質が使われていた事件が発覚したことがある。内部告発がなければ分からなかった事件である。このように国内でも分かり難いのに、海外となるともっと分かり難くなる。

第四は、輸入食品添加物には不純物が多く、この不純物に関しては、日本への輸入の際に、チェックもされないし、規制もされていない。

第五は、食品添加物同士が混ぜ合わされて食材に添加されていることである。食品の原料や食品そのものに添加物を一つ一つ加えるのではなく、混ぜ合わせてセットとなったものを添加している。

このように食品添加物は、いままでの常識が通じない世界に変わってきており、いつ、中国産毒餃子事件のような健康障害事件が起きても、不思議ではない状況にある。

農薬の残留規制緩和圧力も

私たちの食卓には外国からやってくる食料が増えつづけているが、野菜は主にアジアから、穀物は主に米国から来ている。米国から輸入される大豆やトウモロコシなどの穀物は主に、ニューオーリンズに集積され、パナマ運河を経て、高温多湿の中、長い時間かけて日本の港にやって来る。その間の輸送の途中で腐ったり、虫がついたり、カビが生えたりしないように農薬がかけられる。このような収穫後に使われる農薬のことを「ポストハーベスト農薬」といい、主に長距離輸送のため用いられている。地産地消ではありえない、輸入食品がもたらすリスクと言っていい。

このことから、基本的に、安全性と距離は反比例する、ということができる。

輸入食品の農薬汚染が問題になったきっかけは、中国から輸入された野菜に高濃度の農薬が残留していたことからである。この野菜の農薬汚染が明らかになったきっかけは、二〇〇一年一月と二〇〇二年三月に発表された農民運動全国連合会食品分析センターが行った検査結果だった。中国政府の調査で、中国野菜が予想以上に農薬で汚染されているという情報を得たことから、市販の野菜の検査を行ったところ、相次いで高濃度の農薬が検出されたのである。

残留農薬に関し、多くを占める加工野菜が生鮮野菜と異なり、残留基準が緩やかであったり、なかったりするため、中国野菜の農薬汚染に対してなかなか政府も取り合わなかった。消費者の声に押された形で、やっと重い腰を上げて検査を始めた。その結果、予想以上に多くの汚染野菜があることが分かったのである。しかも、検査が進むと、当初問題となったクロルピリホスの他に、パラチオン、ディルドリンなど、日本では使用が認められていない農薬が相次いで検出され、高濃度の残留農薬の検出国も中国以外の国々に拡大していった。このことがきっかけになって、二〇〇六年五月二九日から、農薬の食品への残留問題で、規制の方法が変更になった。ネガティブリスト制からポジティブリスト制への移行である。ネガティブリスト制では、リストに掲載されていない農薬や、基準値設定のない農薬は、規制できなかった。それに対して、ポジティブリスト制では、リストに載っていない農薬に一律で残留基準（〇・〇一ppm）が適用され、それを上回った農作物は流通が禁止された。消費者には分かりやすくなった。

この移行で、とくに米国産果実が規制に引っかかった。米国産のイチゴ、オレンジ、サクランボ、レモンなどが、基準値オーバーということで輸出できないなどのケースが出始めた。米国は、タイ、台湾、メキシコ、フィリピンに続いて、果実での違反件数が多い国の一つにあげられている（「輸入食品から見たポジティブリスト制度の検証」太田周司、日本青果物輸入安全推進協会）。米国は一貫してコーデックスのＭＲＬ（最大残留許容値）採用を求め、日本がとっている一律適用のポジティブリスト制を槍玉にあげている。ＴＰＰ交渉参加で、後戻りを強いられる可能性が出ている。

また、ポストハーベスト農薬の中に、米国から輸出する際にレモンやグレープフルーツなど表皮に塗られている防かび剤がある。米国では農薬だが、日本では食品添加物として扱われている。米国政府通商代表部の要求項目に、このポストハーベスト農薬の安全性評価の緩和化がある。

日本では、果物などに塗られる農薬（防かび剤）というものはなく、唯一、燻蒸剤だけが認められている。そのため、米国から輸入される果物に塗られる農薬への対応に苦慮し、食品添加物として扱い、「非合法」を合法化したのである。そのため日本政府は、この農薬に対して食品添加物として安全性の評価を求めているが、それが槍玉に挙がっている。同じ農薬が、収穫前は農薬、収穫後は食品添加物として二度の安全性評価を求めているからだ。日本政府による、米国産を受け入れるためにとられた苦肉の策が、また批判されるという状態になっている。

米国の食料戦略と遺伝子組み換え作物

現在の状況は「国という枠を超え、多国籍企業が世界の支配者になった」ということができる。

食と農の分野でずば抜けた力を持ったのが、モンスターという異名を持つモンサント社である。同社は、米国政府、ビル＆メリング・ゲイツ財団（以下ビル・ゲイツ財団）と共同で、米国の最大の輸出商品である食料を世界に売り込むために、戦略をめぐらしてきた。その矛先は、最初は北米自由貿易協定（ＮＡＦＴＡ）などを用いて、南北アメリカ大陸だった。その後、アジアで展開し、現在はアフリカ大陸をねらい打ちしている。

その戦略の最大の武器が遺伝子組み換え作物である。日本でＴＰＰ推進派の中心に位置しているのが日本経団連である。そのトップにいる米倉会長（二〇一〇年～　）の出身企業である住友化学が、モンサント社との戦略的パートナーであることから、ＴＰＰ問題の主役は遺伝子組み換え作物売り込みにあるという見方が広がったほどである。

遺伝子組み換え作物は、いま世界の農地の一〇％強に作付されており、その作物がさまざまな食品になって私たちの食卓に登場している。スーパーに行き見渡すと、その八割近くの食品に遺伝子組み換え作物がかかわっている。

現在作付けされている遺伝子組み換え作物は、主に大豆、トウモロコシ、綿、ナタネの四種類である。ナタネ油などの食用油の原料はもちろん、トウモロコシの場合、すでに述べたように、コーンスターチから糖が作られるため（異性化糖）、スーパーで並ぶ菓子や清涼飲料水には必ずといってよいほど入ってくる。大豆も蛋白が増量剤に使われたり、レシチンが乳化剤に用いられるなど、これまた多くの食品に入ってくる。さらには肉や牛乳なども、その飼料に遺伝子組み換え作物が用いられている。

なぜこれほどまでに、作付けが広がったのだろうか。国際アグリバイオ事業団（ＩＳＡＡＡ）によると、二〇一三年における遺伝子組み換え作物の作付け実績は一億七五二〇万haになり、世界の農地の十数%に達した。その大半が米国モンサント社であり、種子の独占化がすすみ、多国籍農薬企業による食料支配が強まっている状況が示された。現在、世界で販売されている種子の約六〇%が、わずか四社の多国籍農薬企業が支配する、寡占化が起きている（二〇〇九年）。トップ企業モンサント社に続いて米国のデュポン社、スイスのシンジェンタ社、独のバイエル社の四社である。この四社によって世界で使用される農薬の三分の二が製造されている。種子を支配し、農薬を売り込み、食料を支配するための遺伝子組み換え作物開発であることが、いっそう明瞭になってきたといえる。それを後押ししているのが、米国の食料戦略であり、その有力な武器が貿易自由化圧力である。種子支配については、後ほど詳しく述べることにする。

いま、遺伝子組み換え作物開発の資金源となっているのが、マイクロソフト社の巨額の儲けを基盤に作られたビル・ゲイツ財団である。同財団が二〇一一年一〇月に新しい報告書を発表した。それによると、二〇〇五～二〇一一年にかけて拠出した助成金の四〇%以上が遺伝子組み換え作物に割り当てられたことが示された。同財団はまた、二〇一〇年にはモンサント社の株を五〇万株購入しており、同社と一体で売り込みを進める態勢が強化された。

ＴＰＰで何が起きるだろうか。日本の農業が危機的状況に追い込まれるだけでなく、遺伝子組み換え作物を用いた多国籍企業による食料支配がさらに進み、私たちの食卓の危険性が増幅されることになる。食品や飼料として安全かどうかの審査の緩和や表示の撤廃などが求められることは必至だからである。

この遺伝子組み換え食品に関しては、安全に対して疑問を呈するような動物実験例が増えている。二〇〇九年五月、米国環境医学会は、それまで行われた動物実験をすべて点検し、遺伝子組み換え食品は健康被害をもたらす可能性が大きいとして、即時販売中止を求める見解を出した。

二〇一一年五月にはカナダで、遺伝子組み換え作物に用いる農薬や農薬成分が、妊娠した女性の体内に蓄積し、胎児にも移行している可能性が大きいという研究結果が発表された。調査を行ったのは、ケベック州シャーブルック大学医療センター産科婦人科の医師たちで、母体の蓄積と胎児への移行の関係を調べるため、除草剤の主成分とその代謝物、殺虫毒素の血液中の濃度を調べたものである。

二〇一二年九月にはフランス・カーン大学の分子生物学者で内分泌学者のジレ・エリック・セラリーニなどが行った、除草剤耐性トウモロコシ、除草剤ラウンドアップ、およびその組み合わせの三種類での動物実験で、遺伝子組み換え作物の有害性が示された。実験は、モンサント社の除草剤耐性トウモロコシと、除草剤ラウンドアップを用いて行われた。

実験の結果、とくに雌で早期死亡率がきわめて高く、大きな腫瘍の発生率が高く、その大半が乳がんだった。雄では肝機能障害と腎臓の肥大、皮膚がん、消化器系への影響がみられた。

当面、多国籍企業が目指している主力開発作物が、遺伝子組み換え稲と小麦である。現在、この二つの多くの人が主食としている穀物に関しては、世界中の生産者、消費者の批判が強く、モンサント社が開発した除草剤耐性小麦については、世界各国に申請を提出しながら、それを取り下げた経緯がある。また除草剤耐性稲に関しても、日本で開発していたが、反対が強く挫折を強いられた経緯がある。

しかしいま、新たに小麦では耐乾燥性、稲ではスイス・シンジェンダ社が開発したゴールデンライス（ビタミンAライス）が、売り込みの一番手として登場の時期をうかがっている。また日本でも、茨城県にある独立行政法人・農業生物資源研究所が、二〇一四年に六種類ものＧＭイネの試験栽培を行うことになった。このＧＭイネと小麦を世界中に売り込むための戦略が、食品表示を撤廃させることである。表示がなければ、消費者は知ることも選ぶこともできないからである。

食品表示制度への介入が強まる

米国政府通商代表部による二〇一一年度年次報告は、米国が食料輸出を押し進める際の最大の障壁が他国の食品表示制度にあると指摘している。日本がＴＰＰ交渉に参加すれば遺伝子組み換え食品表示制度の撤廃圧力が強まることは必至である。

二〇一四年二月に米国とＥＵの間で自由貿易協定締結に向けて交渉が始まることが伝えられた。

この交渉での最大のテーマが遺伝子組み換え作物にある、と米国の交渉担当者が述べている。EUには厳格な表示制度が存在するため、遺伝子組み換え作物が大半を占める米国産穀物が輸出できない状態になっている。このようにEUの食品表示制度がGM食品の流通を阻み、米国農産物の輸出を妨げている。それを緩和あるいは撤廃するよう米国が主張するのは必至であり、交渉の行方が注目される。

日本における食品表示制度もまた、以前から圧力を加えられ続けてきた。一九九〇年代にまず、製造年月日表示から消費期限などの期限表示に変更された。製造年月日では米国産が不利になるからである。

遺伝子組み換え食品の表示では、大半の食品が表示義務からはずされ、その結果、食用油や醤油などが表示されない事態になった。それによって米国は、大豆やトウモロコシの輸出で影響をまったく受けなかった。しかし、日本の消費者の間に広まった反発は、遺伝子組み換え稲や小麦開発の足かせとなってきた。その足かせをなくすための表示撤廃の圧力である。現在、日本では豆腐、納豆、味噌程度しか表示されていないが、そのわずかな表示すらなくそうというのである。

TPP加盟は食料自給を奪い、輸入食品を増大させるだけでなく、食の安全を奪い、さらに消費者の知る権利の要である食品表示の撤廃に及ぶことになる。私たちの食卓に与える影響は、限りなく大きい。

第三章

食肉支配と動物感染症の拡大

ＢＳＥ（狂牛病）など動物感染症が拡大している

ＴＰＰでは、大きく「市場アクセス交渉」と「ルール交渉」の二つに分けられ、さらに細かく二四の交渉項目があり、それぞれが分かれて作業グループを作り、交渉が行われる。その中で直接、食の安全にかかわる作業部会が「ルール交渉」の中の「ＳＰＳ（衛生植物検疫措置）作業部会」である。ちなみに食品表示は「ルール交渉」の中の「ＴＢＴ（貿易に対する技術的障害）作業部会」で交渉が行われる。

そのＳＰＳ作業部会で大きな論争になることが必至なのが、動物の感染症である。二〇一三年から二〇一四年にかけても、中国を中心に新型鳥インフルエンザが問題になったが、このように現在、動物の感染症が広がっている。口蹄疫、豚インフルエンザ、鳥インフルエンザ、ＢＳＥ（狂牛病）など、これらの感染症が猛威を振るい始めたのは、グローバリズムが進み、世界中を食品や飼料、動物たちが移動するようになってからである。日本の状況を見ても、島国だということもあり、移動や輸入が少ない間はほとんど侵入してこなかった。口蹄疫が侵入したのは二〇〇〇年で、実に九二年ぶりだった。ＢＳＥ感染牛が日本で最初に見つかったのは二〇〇一年。鳥インフルエンザが襲ったのは二〇〇四年で、これも七九年ぶりだった。豚インフルエンザは二〇〇九年、そして二〇一〇年の口蹄疫の再来である。このように、動物を大規模に襲う感染症は、二〇〇〇年以降、毎年のように起きるようになった。

世界中から食品や飼料、動物そのものがやってくるようになったことで、これらの病気が日本に入り込み、感染拡大を防ぐことは大変難しくなり、繰り返しやってくるようになったといえる。このように輸入量が増えたのは、安い食肉などを求めたことにある。企業がコストダウンを目的に進めてきたことが、日本の農家に大きな被害をもたらしてきた。

この感染症拡大に対しても、さらに規制を緩和して食肉の貿易を促進すべきだというのが、米国政府の主張である。輸入される食肉の中で、最も問題なのが米国産である。米国産牛肉は、病める食肉の代表格といっても過言ではない。BSE（狂牛病）問題が起きるまでは、日本の市場は、米国産、国産、オーストラリア産が大体三分の一ずつを占めていた。しかし日本でBSEが発生したため、国産牛肉が売れなくなり、安い米国産に席巻されてしまった。ところが米国でBSEが発生したため、今度は米国産の輸入が停止された。しかし米国政府はごり押しして、日本政府に、たちまち輸入再

宮崎空港に敷かれた防疫ネット

開を認めさせ、さらに条件緩和を求めた。

二〇一三年二月一日、日本政府はそれまで米国から輸入する牛に関して、ＢＳＥ（狂牛病）の恐れが少ない二〇カ月齢までしか輸入を認めてこなかったが、それを三〇カ月齢まで緩和した。二カ月後の四月一日には、それに合わせて国産牛の検査対象を三〇カ月齢に緩和した。さらに直後の四月九日には食品安全委員会が、国産牛の検査対象月齢をさらに四八カ月齢まで緩和することを決め、一般からの意見募集を開始した。相次ぐ月齢緩和に驚くばかりである。

これまで日本では、安全性を確保するため、月齢に関係なく出荷するすべての牛肉について、自治体によって「全頭検査」が行われてきた。その全頭検査に係る費用の国による補助も、二〇一三年七月から打ち切られた。次の段階は、規制の完全撤廃しかなくなった。ＴＰＰ参加までに、その撤廃が行われることは必至と見られている。

貿易の自由化と促進が動物の感染症拡大を招かないために、ＷＴＯでは「ＳＰＳ（衛生植物検疫措置の適用に関する）協定」が作られている。この協定でこれまでいつも論争になってきたのが、「科学主義」か「予防原則」か、である。科学主義とは、「科学的に問題があるとはっきり分かるまでは「問題にすべきではない」という考え方で、主に米国などの主張である。ＢＳＥの対応で「米国で確認されたＢＳＥ感染牛は、非定型だから問題ない」というのは、この考え方による。「非定型」とは、従来の飼料により感染して起きるＢＳＥとは異なるタイプのことである。遺伝性のものだと考えられているが、よく分かっていない。科学的に問題があるとははっきり分かるまで、対応しない米国や日本政府の姿勢をよく示している。これに対する考え方が、ヨーロッパが取り入れている「予防原則」である。科学的に問題があると分かってからでは手遅れになる可能性があるため「疑わしい段階で規制する」という考え方である。この考え方に基づけば、非定型というよく分からないタイプだからこそ問題にすべきだ、となる。

ＳＰＳ協定では第五条七項で、「科学的証拠が不十分な場合」という前提で部分的な予防原則が取り入れられているが、あいまいであるため、いかようにでも解釈できてしまう。そのため論争になってきたのである。米国主導のＴＰＰでは、科学主義に基づいて交渉が進められることは必至である。

今世紀になって拡大した動物感染症

二〇〇〇年三月　口蹄疫、宮崎県で九二年ぶりに発生
二〇〇一年九月　日本で初めてＢＳＥ感染牛確認・発表
二〇〇四年一月　山口県で鳥インフルエンザが七九年ぶりに確認
以降、毎年のように確認
二〇〇九年四月～　新型（豚）インフルエンザ騒動
鳥インフルエンザ・ウイルスの変化が活発に
二〇一〇年五～六月　宮崎で口蹄疫発生

米国産食肉の何が問題か

米国産牛肉の何が問題なのか。これはＢＳＥだけの問題ではない。企業は経済性を求めて、意図的に動物たちの成長を早めることを追求してきた。成長ホルモン剤を用いて、成長を早めている。成長ホルモン剤を注入された家畜の体内では、細胞分裂を活性化する蛋白質が増える。その薬剤を用いた食肉を摂取すると、私たちの体の細胞の分裂も刺激を受け、とくにがん細胞が最も刺激を受けることが指摘されている。

また抗生物質が多種類使われているが、これも成長を早めるためである。抗生物質で腸内細菌を殺し、細菌が奪う栄養分まで牛に吸収させて成長を促しているのである。飼料も、動物の生理とは相容れない濃厚飼料を用い、意図的に成長を早めている。ＥＵは、ホルモン剤使用を理由に一九八〇年代から米国産牛肉の輸入を拒否しており、それはいまでも続いている。

日本がＴＰＰ参加協議に加われば、この成長ホルモン剤、抗生物質、さらには放射線照射を容認するよう、圧力が加えられることになるのは必至である。

米国産食肉には抗生物質もよく使われている。日本やオーストラリアでは、抗生物質の使用に関しては、規制を厳しくしている。しかし、米国では規制が弱く、そのため抗生物質耐性菌が広がり、治療が効かなくなり亡くなる人が増え、社会問題化している。さらには大腸菌Ｏ－１５７対策や抗生物質耐性菌対策として、食肉への放射線照射が認められた。放射線照射もまた、食の安全を脅かす要因になる。その抗生物質の幅広い使用承認や放射線照射容認も求めてくることも必至である。

米国では、さらにクローン牛の肉も出回っている。クローン技術で誕生させた牛には異常が多い。まもなく遺伝子組み換え家畜も登場することになる。この家畜もまた、外形や内臓などに異常が多い。それらもまた、食の不安を増幅させる要因になる。

米国での食肉生産の問題点

米国でＢＳＥが発生したため、米国産の輸入が停止されたが、米国政府がごり押しして、日本政府に、たちまち輸入再開を認めさせた経緯はすでに述べた。

米国産牛肉の何が問題なのか。まとめてみると、まずＢＳＥに対する対策がほとんどなされていないことがあげられる。さらに成長ホルモン剤を用いて、成長を早めている。抗生物質が多種類使われているが、これも成長を早めるためである。その上、放射線照射まで行われ、クローン家畜が出回っている。

なぜ米国産牛肉が大量に日本に入って来るかというと、米国産牛肉は、オーストラリア産と違って、部位ごとに売ってくれるからである。屑肉と言って、安い、使い物にならない部位、横隔膜とか腸とかが、二束三文で買えるからである。安い牛丼などが、なぜ米国産でなければだめかというと、この屑肉を買ってくるからである。これを結着剤でくっつけて固めてつくる合成肉は、牛丼屋だけでなく、ファミリーレストランのビーフステーキなどにも使われており、それが高級レストランまで広がってきた。この合成肉が、大腸菌O—157の中毒事件をもたらした。このように、ただでさえ問題がある米国産牛肉だが、これは牛肉に限られたものではなく、豚肉も、鶏肉も同様である。なぜ、そのような食肉生産の仕組みができたかというと、生産効率を第一とした食肉産業の存在がある。

タイソン・フーズ社

映画『フード・インク』では、「多国籍企業による食と農の支配」が描かれているが、それだけでは言い尽くせない深刻な問題が提起されている。ほんのひと握りの巨大企業が、私たちの生活や健康、時には生命そのものを直接支配するようになった、その実像が次々と登場するからである。それは次のようなものである。

米国では、食肉は、いまや数社の多国籍企業による支配下に置かれるようになってしまった。四大企業がタイソン・フーズ社、コナグラ・フーズ社、エクセル社、スミスフィールド・フーズ社である。その結果、食肉生産はひどい状況に置かれるようになった。

例えば、北米ナンバーワンの巨大食肉企業タイソン・フーズ社は、養鶏農家と契約してヒナを育てさせている。タイソン・フーズ社の指導によって、その農家が行っている養鶏では、鶏肉用ヒナの飼育期間が半分になり、成長スピードが二倍になった。薬剤や飼料によるものである。その結果、ヒナの骨や内蔵は成長スピードについていかれず、立ち上がることもできない、異常が起きていたり、病気の鶏が多数を占めるようになった。病気でも食肉製造工場に運ばれ処理される。農家は、企業から借金をしているため何もいえない。しかも、集鶏や加工は不法移民が担っているため、内部告発も不可能になっている。

映画では出てこなかった問題にもふれておきたい。タイソン・フーズの食肉処理工場は、長い間、非衛生的な工場として多くの問題点が指摘され、一九九九年には、消費者に被害が及びかねない多くの違反を行っていることが明らかになった。

また、二〇〇二年には、同社のパスコ工場で労働災害が頻発していることが明らかになった。さらに二〇〇四年には牛を生きた状態のまま処理していることが明らかになり、問題となっている。

二〇〇五年には、カナダ・アルバータ州・ブルックス工場では、余りにもひどい労働条件に怒った労働者が、ストライキを起こしている。同工場の労働者の大半が、スーダン、ソマリアからの難民と移民だった。

コナグラ・フーズ社ほか

コナグラ・フーズ社の場合、農家はコストダウンを強いられ、牛は糞まみれの中におり、その糞がフードシステムの中に入り込み、その結果、挽き肉が大腸菌O―157で汚染されたのである。その汚染した食肉を食べた子どもの命が奪われるという事件が起きた。

日常化した汚染対策が求められ始めたことから、パテを製造しているビーフ・プロダクト社は、アンモニアによる殺菌のシステムを開発した。病める現場を変えるのではなく、薬品漬けにしてしまったのである。この企業が全米の大半のハンバーガーのパテを提供しているのだという。

もうひとつ登場する巨大食肉企業の一つにスミスフィールド・フーズ社がある。二〇〇九年に世界中をおそった豚インフルエンザの発生源が、メキシコにあるスミスフィールド・フーズ社の豚肉工場のずさんな現場だと見られている。養豚工場では豚がすし詰めにされ、排泄物や死体が無造作に処理され、周囲の環境を汚染しているということが、指摘されている。

映画『フード・インク』では、食肉の汚染を裏づけるような映像が次々と登場する。動物の死体や糞で満ちあふれたような現場の映像である。その、いわゆるダーティな労働現場で働く人たちの多くが、不法移民である。豚を処分する現場の人たちは、細菌によって爪が全部はがれるなど、健康を損ねている。

その不法移民も、もともと米国の食料戦略の被害者である。たとえば、メキシコから来た移民は、北米自由貿易協定によって米国から安いトウモロコシが大量に入ってきたため、仕事を失ったトウモロコシ農家だったりするからである。この穀物戦略の中心にいるのが、穀物メジャーのカーギル社だが、そのカーギル社の一〇〇％の子会社が、エクセル社である。

食肉工場で働く労働者は、ほとんどが不法移民であるため、仕事に対する不満があっても文句も言えない。しかも、労働組合も作れないため、権利は奪われたままである。

食肉を扱う多国籍企業は補助金で優遇されている。それは政府に対して強い圧力団体として、ロビー活動を展開しているからである。そのため安く食肉を提供し、市場を席巻してきた。低所得者層は、野菜が買えず、安く提供されるハンバーガーに依存する生活になってしまった。その結果、肥満や糖尿病が増えている。工業化されたフードシステムは、人々の健康や環境を壊していくのである。それがリアルに映画の中で描かれている。

これは、いまは米国で起きている現実である。しかし、米国政府は、これらの病める食肉を政治的な力に任せて、世界中に売り込んできた。TPP加盟が現実化すると、それらの食肉が日本に大量に入り、食卓を占拠していくことになる。スーパーにズラッと並ぶ安い食品を買い、ファーストフード・ファミリーレストランなどで何が入っているかわからない食材を食べ続ける。これが日本の消費者の近未来なのである。

日本では、畜産農家、酪農家といった動物たちを飼育している人たちの多くが、小さい規模で、その動物たちを家族同然のように育てている。口蹄疫や原発事故で多くの農家が、その家族同然で育てている動物たちを殺さなければならなかった。その際の農家の苦痛は、計り知れないものがあった。

原発事故による放射能汚染によって、食の安全が脅かされ、いま外国からの食料輸入が激増している。それに加えて、ＴＰＰによってさらに市場が全面的に開放されようとしている。そうなると、多国籍企業がもたらす食肉が世界を席巻しかねない。もちろん日本にも大量に入ってくる。そうなると、工場生産化に拍車がかかり、感染症もいっそう拡大していくことになることは必至である。

第四章　進む種子支配・食料支配

緑の革命から遺伝子革命へ

ＴＰＰなど自由貿易の進行で懸念される問題に、多国籍企業による種子支配の進行と、それによる食料支配の強化があげられる。

多国籍企業による種子支配の原点は、緑の革命にある。第二次世界大戦の最中、メキシコにおいて多収量品種の小麦・トウモロコシの開発がすすめられた。資金を出したのは米国のロックフェラー財団だった。開発は成功し、多収量品種ができた。これが緑の革命と呼ばれるものである。この革命には問題点が多かった。農薬や肥料を大量に使うことが求められ、灌漑設備が必要になるなど、結局、おカネのかかる農業に変わり、企業による種子支配を招くことになる。

この多収量品種の開発をもたらした技術が、Ｆ１（雑種一代）品種であり、これが種子支配の原点となった。Ｆ１品種とは、親の代を掛け合わせると両親の強い形質のみが現れるという、メンデルの「優性の法則」を利用したものである。種子企業は、優れた品種をもたらす両親をずっと継代培養しつづけ、毎年その親同士を掛け合わせることで、その優れた品種の種子を販売し続けることができる。その種子から作られる子同士を掛け合わせて作る孫の代になると、今度はメンデルの「分離の法則」が働き、形質がバラバラになって、優れた品種を作ることができない。そのため農家は、毎年、種子企業から種子を買わなくてはいけなくなってしまった。

一九六二年にはフィリピンに国際イネ研究所が作られ、イネでの緑の革命がすすめられた。これに資金を提供したのは、ロックフェラー財団とフォード財団だった。さらに、このF1品種による新品種開発が進んだことから、企業の権利を保護するために一九六一年にＵＰＯＶ（植物の新品種保護のための国際条約）がつくられ、植物の特許に当たるものが設定された。ただしこの時点では、まだ工業製品の特許権に比べて、大変ゆるやかな権利だった。

その緑の革命に次いでやってきたのが、遺伝子革命である。遺伝子組み換え作物開発メーカーなどは、遺伝子組み換え作物が従来の新品種保護制度では、自家採種を禁止していないなど権利保護が弱く、権利者が守られないと主張した。この新たな事態を前にして、一九九一年にＵＰＯＶが大幅に改訂された。この改訂で、条約のもつ性格が一新された。

モンサント・ポリス（パーシー・シュマイザー氏提供）

まず適用の範囲が、従来の農作物四三〇種類から全植物種に拡大された。また、適用範囲が種苗の販売だけでなく、その種子をまいて得た収穫物や販売物まで拡大された。さらにはバイオテクノロジーへの対応から、保護の適用範囲が、従来の種苗から、細胞ひとつにまで拡大された。しかも従来認められていた自家採種も、それを認めないことになった。その他にも保護期間の延長など、GM作物開発に合わせた変更が行われた。

同時に、それまでの植物新品種保護制度では、同制度での保護と、特許の保護の二重保護が禁止されていたが、それが解禁された。これにより作物が、品種の保護という従来の保護だけでなく、より強い権利である技術の保護である特許で守られるようになっただけでなく、しかも農家の自家採種が禁止されるため、遺伝子組み換え企業の権利は手厚く守られると同時に、農家の権利は著しく損なわれることになったのである。

米欧日で企業の権利強化

米国では、このUPOV条約改定を受けて、一九九六年に従来の植物新品種保護制度が改定され、GM作物に対応する形となり、同時に特許との二重保護が可能になった。これ以降、米国では植物の新品種の開発者の権利は、三つの法律で守られるようになった。植物特許法、植物品種保護法、一般特許法である。植物特許法は無性繁殖植物（例えば、ヤマイモなど地下茎で増えるもの）を対象とし、植物品種保護法は有性繁殖生物（例えば、受粉により新個体を発生させるなど生物界での通常の繁殖）を対象としているため、結果的にはそのどちらかと一般特許法の二重保護が可能になった。これにより遺伝子組み換え企業は、従来の保護制度に加え、より強い保護の仕組みである特許申請を行い、種子独占を進めてきたのである。

EUでも、UPOV条約改定を受けて、一九九四年に植物品種保護権規則がつくられ、新品種を開発した者は欧州品種権庁に登録すると、全EU加盟国での独占的な権利を取得でき、この権利は各国の法律より上位にあるため、国内法では禁止できなくなる。いってみればモンサント社のGM作物を、国のレベルでは禁止できない仕組みであり、しかもこの権利は、農家の自家採種を禁止しているため、遺伝子組み換え企業には都合の良いものになっている。EUで「生命特許」の考え方が採用されたのは、一九九八年七月に発効した「バイオテクノロジーの発明での法的保護に関する指令」においてだった。初めて植物特許が認められ、二重保護が可能になった。

種子バンク（農業生物資源研究所）

このような知的所有権保護の強化は、一九九五年にWTO（世界貿易機関）が設立され、それに向けて前年にTRIPs（知的所有権に関する）協定が締結され、一気に加速した。このことについては第七章で詳しく述べる。

ＴＲＩＰｓ協定を受けて、特許の国際的ハーモナイゼイション化がはかられた。特許制度は、属地主義と呼ばれる各国主義がとられ、各国ごとに制度が異なるため、それぞれの国に申請して承認されなければいけない。それでは貿易障壁になるということで、国際的な統一化と「国際特許」という考え方が取り入れられるようになった。そのために、日米欧三極特許庁会議が始まり、一九九九年には特許Ｇ７（先進国特許庁長官非公式会議）が始まった。その中で、生命特許を各国が受け入れることになり、遺伝子組み換え作物に対応した仕組みが作られていった。

日本政府が、一九九一年のＵＰＯＶ条約改定を正式に受け入れたのは、一九九八年のことだった。生命特許や遺伝子特許取得推進を打ち出したのは、二〇〇二年に小泉政権が打ち出した「知的財産権保護戦略」の中でのことだった。同年一二月四日に知的財産基本法が公布され、その過程で特許と新品種保護制度の二重保護がなし崩し的に行われるようになった。

手厚く守られる遺伝子組み換え企業

米国では、新たな問題として「食品安全近代化法」が登場した。食の安全を守るのが目的で作られた法律である。二〇一一年一一月三〇日に上院が可決し、大統領の署名を得て成立したものである。この法律は、ＦＤＡ（食品医薬品局）の権利を強化して、食品の安全性を守ろうという

穀物輸入港には巨大な倉庫が並ぶ（2012年7月、博多港にて）

ものだが、ＦＤＡの権限が農家にまで及ぶことになることから、批判が強まった。またこの法律が、多国籍企業の種子支配をいっそう容易にする可能性も指摘された。というのは、食品の定義の中にナタネ、大豆、トウモロコシのような「食品となる種子」が入っており、自家採種や、地域で採取された種子を扱う種子洗浄業者（収穫された作物の種子を次年度種まきできるように細菌などを洗浄する業者）が、管理の対象に組み入れられたためである。ＦＤＡが「食品の安全」を口実に種子業者の仕事に介入し、仕事を奪うと、自家採種や地域での採種ができなくなり、モンサント社などの多国籍遺伝子組み換え種子企業から種子を買わざるを得なくなる。多国籍企業のための法律と呼ばれたのは、このような事情からである。このように強い権利に守られ、遺伝子組み換え作物は種子支配・食料支配の重要な武器になったのである。

遺伝子組み換え作物の作付けや流通を推進している国際組織が、国際アグリバイオ事業団（ISAAA）である。このISAAAが発表した、二〇一三年における遺伝子組み換え作物の実績によると、栽培面積は一億七五二〇万haになり、世界の農地の約十数%に達した。その大半がモンサント社であり、種子の独占化がすすみ、多国籍企業の食料支配が強まっている状況が示されたことは、すでに述べた（四二頁）。

現在、遺伝子組み換え種子以外も含めた世界で販売されている種子の七割を一〇の多国籍企業が提供する、寡占化が起きている。しかも、米国モンサント社、米国デュポン社、スイスのシンジェンタ社という遺伝子組み換え種子開発企業がトップ三を占めている。モンサント社が二七%、三社で五〇%以上を占めている。種子はすでに多国籍企業による寡占の時代にある。種子を支配し、食料を支配するための遺伝子組み換え作物開発であることが、いっそう明瞭になってきた。それを後押ししているのが、米国の食料戦略であり、その資金源となっているのがマイクロソフト社の巨額の儲けを基盤に作られたビル・ゲイツ財団である。こうして米国政府、モンサント社、ビル・ゲイツ財団の三者が共同して、遺伝子組み換え作物を世界に売り込む戦略が展開されている。

以上のようにWTO体制が作られ、その中で知的所有権の強化と国際化が進められてきた。その結果、多国籍企業による種子支配が進み、その有力な武器となってきたのが遺伝子組み換え作物である。しかし、米国政府や多国籍企業は、さらに貿易の自由化・促進を進め、種子支配による食料支配を進めようとしている。ＴＰＰは、そのための手段でもある。

対抗する国連の条約に米国は加盟せず

このようにグローバル化の圧力が強まり、先進国・多国籍企業の有利な条件が作られている中で、途上国や農家、消費者の権利は著しく踏みにじられてきた。しかし、国際条約として、その権利を守る動きも出てきている。その一つが、生物多様性条約に基づいて成立した「名古屋議定書」であり、もう一つが「食料農業植物遺伝資源条約」である。

生物多様性条約は、遺伝資源の保護と、その持続可能な利用、それに加えて、その遺伝資源から得られる利益の衡平かつ公正な分配を打ち出した国際条約である。名古屋議定書はその考え方に基づいて合意された最新の議定書である。先進国や多国籍企業は遺伝資源を利用して医薬品などを開発し、それを特許にして利益を得てきた。遺伝資源とは、生物が持つ資源としての価値のことである。途上国が、その利益の還元を求めたことに、先進国が反発した。先進国は、開発の努力と、その結晶としての知的所有権を優先すべきだと応酬した。生物多様性条約は、最終的に途上国の意見が多く取り入れられ、先進国の利益還元の方法の確立が求められた。それが名古屋で開催された生物多様性条約第一〇回締約国会議（COP10）で「名古屋議定書」として合意された。

生物多様性条約には食料農業分野が含まれていない。その食料農業分野での遺伝資源の部分が外され、別個に食料農業植物遺伝資源条約が作られた。この条約は、食料農業分野での遺伝資源の保護、その持続可能な利用、そこから得られる利益の衡平かつ公正な分配を打ち出した国際条約である。この条約では、農民の種子に関する権利がはっきりと打ち出されており、そこから企業が利益を得た場合には、それを還元することが求められている。

この二つの条約・議定書は、先進国政府や多国籍企業による蹂躙に歯止めをかけるものだが、米国は、生物多様性条約に加盟しておらず、食料農業植物遺伝資源条約にも加盟していない。

バイテク企業による種子支配・食料支配

世界の種子企業トップ一〇（一〇〇万ドル、二〇〇九年）

1	モンサント（米国）	七二九七	（二七％）
2	デュポン（米国）	四六四一	（一七％）
3	シンジェンタ（スイス）	二五六四	（九％）
4	グループ・リマグレン（仏）	一二五二	（五％）
5	ランド・オ・レイクス（米国）	一一〇〇	（四％）

6	KWS・AG（独）	九九七	（四%）
7	バイエル・クロップサイエンス（独）	七〇〇	（三%）
8	ダウ・アグロサイエンス	六三五	（二%）
9	サカタのタネ（日本）	四九一	（二%）
10	DLFトリフォニウム（デンマーク）	三八五	（一%）

出典　ETC Group

水支配

食料と並んで、水もまた、多国籍企業による支配が進んでいる。その結果、世界規模で水道事業そのものが、異常な事態に陥りつつある。それは世界の水道事業が、水関連多国籍企業の支配下に入りつつあることで起きている。世界経済における自由化・民営化の流れは、飲み水にまで及び、企業の買収を可能にし、水道事業が民営化されることで、安全な飲料水にアクセスできる人々の数が減少しつつあり、とくに途上国の人々の生活や生命を脅かしつつある。

世界の水事業を支配しつつある多国籍企業三社を特別に「ウォータバロン」と呼んでいる。直訳すれば「水男爵」である。フランスのスエズ社、ヴィヴェンディ社、ドイツのRWE社が保有する英国を本拠とするテームズ・ウォーター社である。この三社は、世界規模で事業展開しており、スエズ社は一三〇カ国一億一五〇〇万人、ヴィヴェンディ社は一〇〇カ国以上一億一〇〇〇万人、テームズ・ウォーター社は五一〇〇万人の飲料水を支配していると考えられている（国際調査ジャーナリスト協会『世界の水が支配される』作品社）。しかも、その支配力はさらに強化されている。

自由化・民営化されれば、企業買収が起き、巨大多国籍企業の支配が強まり、市民の生存権にまで影響が及ぶことは必然である。水商売という言葉があるが、水はいまや戦略的な商品になり、その結果、当たり前に飲んでいた水が、高いお金を出さないと買えない商品になり、安全な水にアクセスできない人が増えているのである。

それを見込んで、ミネラルウォーターの商売も発展してきた。ここでも一部の多国籍企業が市場を支配しているのである。スイスのネスレ社、フランスのペリエ社、ダノン社、米国のコカ・コーラ社、ペプシ社である。これらの多国籍企業が水源の買い占めに動いている。

水商売の主役は多国籍企業である。しかし多国籍企業の蹂躙に任せていては、多くの人々の生活や生命が脅かされてしまう。TPPは、この多国籍企業の活動に拍車をかけることになる。種子を通した食料支配に続き、命の維持に欠かせない水や水源が脅かされつつある。

第五章　遺伝子組み換え作物で事件続出

遺伝子組み換え作物の現状

世界での二〇一三年の遺伝子組み換え（GM）作物の栽培面積が、二〇一四年二月一三日に、ISAAA（国際アグリバイオ技術事業団）によって発表されたことはすでに述べた。少し詳しく見ていこう。総栽培面積は一億七五二〇万haになり、前年の二〇一二年より四九〇万ha増加しており、毎年、栽培面積は拡大を続けている（表2）。二〇一三年は一八〇〇万の農家が作付けしたとしているが、その大半が中国とインドの小規模農家で、中国七五〇万とインド七三〇万の農家が殺虫性（Bt）綿を作付けしている。世界での栽培面積は、全農地（一五〜一六億ha）の一割強だが、米国、アルゼンチン、ブラジルの三大栽培国で一億三四八〇万haになり、大半を占め、栽培国は限定されている。栽培国は二七カ国であり、二〇一三年に新たに作付けした国はなく、前年トウモロコシを作付したエジプトが非栽培国となり、前年より一カ国減少した。

最大の栽培国は米国（七〇一〇万ha）で、これにブラジル（四〇三〇万ha）、アルゼンチン（二四四〇万ha）、北南米中心に栽培が行われている。アジアではインド（一一〇〇万ha）、中国（四二〇万ha）、パキスタン（二八〇万ha）、フィリピン（八〇万ha）、ミャンマー（三〇万ha）で作付けされている（表2）。

作物では大豆（八四五〇万ha）が最も多く作られており、次いでトウモロコシ（五七四〇万ha）、綿（二三九〇万ha）、ナタネ（八二〇万ha）となっている。二〇一三年の特徴としては、米国で初めて耐乾燥性トウモロコシが五万haに作付けされた。またスタック品種と呼ばれる「除草剤耐性と殺虫性の組み合わせ」など複数の性質を持たせたGM作物が四七一〇ha作付けされ、全体の二七％に達した。

バングラデシュで栽培が始まったBtナス

ISAAAは、二〇一三年の遺伝子組み換え作物の栽培状況を発表した際に、今後の見通しを発表している。それによると、二〇一四年中にインドネシアで耐乾燥性サトウキビの作付けが始まり、二〇一七年にはアフリカで耐乾燥性トウモロコシの作付けが始まると予想している。また、インド、フィリピンで拒否されたBtナスが、二〇一四年にはバングラデシュで作付けが始まると予想しているが、これが発表される以前の一月二二日に、バングラデシュ農業研究所が、四品種のBtナスの苗の分配を開始している。これは同日開催された同研究所主催の式典で、同国農業大臣が二〇人の農家にBtナスの苗を配布したもの。これはバングラデシュでは最初となるGM作物である。

またパナマで初めてGMトウモロコシの作付けが承認されたことで、同国も栽培国入りとなると予想している。さらにはフィリピンでゴールデンライスの作付けがまもなく始まり、アフリカでも栽培国が増えるだろうとしている。二〇一三年のアフリカでの栽培国は、南アフリカ、ブルキナファソ、スーダンの三カ国だが、現在アフリカで野外での栽培試験を行っている国は、カメルーン、エジプト、ガーナ、ケニア、マラウイ、ナイジェリア、ウガンダの七カ国である。

以前から言われていることだが、このISAAAの発表は、誇大であり、その発表自体がプロパガンダとしての色彩が強いと見られている。これらの数字や予想がどれだけ裏付けがあるかは、示されていない。

ISAAAが発表した二〇一三年の遺伝子組み換え作物の作付状況

表1　遺伝子組み換え作物の栽培面積推移

一九九六年	一七〇万ha	二〇〇二年	五八七〇万ha	二〇〇八年	一億二五〇〇万ha
一九九七年	一一〇〇万ha	二〇〇三年	六七七〇万ha	二〇〇九年	一億三四〇〇万ha
一九九八年	二七八〇万ha	二〇〇四年	八一〇〇万ha	二〇一〇年	一億四八〇〇万ha
一九九九年	三九〇〇万ha	二〇〇五年	九〇〇〇万ha	二〇一一年	一億六〇〇〇万ha
二〇〇〇年	四三〇〇万ha	二〇〇六年	一億〇二〇〇万ha	二〇一二年	一億七〇三〇万ha

二〇〇一年	五二六〇万ha
二〇〇七年	一億一四三〇万ha
二〇一三年	一億七五二〇万ha

（参考・日本の国土の広さは三七八〇万ヘクタール、世界の農地は約一五～一六億ha）

出典　ISAAA（国際アグリバイオ技術事業団）

表2　二〇一三年の国別栽培面積

米国	七〇一〇万ha
ブラジル	四〇三〇万ha
アルゼンチン	二四四〇万ha
インド	一一〇〇万ha
カナダ	一〇八〇万ha
中国	四二〇万ha
パラグアイ	三六〇万ha
南アフリカ	二九〇万ha
パキスタン	二八〇万ha
ウルグアイ	一五〇万ha
ボリビア	一〇〇万ha
フィリピン	八〇万ha
オーストラリア	六〇万ha
ブルキナファァソ	五〇万ha
ミャンマー	三〇万ha

インドでのBtナスの宣伝用パンフ

スペイン	一〇万ha
メキシコ	一〇万ha
コロンビア	一〇万ha
スーダン	一〇万ha
計	一億七五二〇万ha

その他一〇万ha未満の国

チリ、ホンジュラス、ポルトガル、キューバ、チェコ、コスタリカ、ルーマニア、スロバキア

表3　各国の遺伝子組み換え作物の栽培作物

米国	トウモロコシ、大豆、綿、ナタネ、テンサイ、アルファルファ、パパイヤ、カボチャ
ブラジル	大豆、トウモロコシ、綿
アルゼンチン	大豆、トウモロコシ、綿
インド	綿
カナダ	ナタネ、トウモロコシ、大豆、テンサイ
中国	綿、パパイヤ、ポプラ、トマト、ピーマン
パラグアイ	大豆、トウモロコシ、綿
南アフリカ	トウモロコシ、大豆、綿
パキスタン	綿
ウルグアイ	大豆、トウモロコシ

ボリビア	大豆
フィリピン	トウモロコシ
オーストラリア	綿、ナタネ
ブルキナファソ	綿
ミャンマー	綿
スペイン	トウモロコシ
メキシコ	綿、大豆
コロンビア	綿、大豆
スーダン	綿
チリ	トウモロコシ、大豆、ナタネ
ホンジュラス	トウモロコシ
ポルトガル	トウモロコシ
キューバ	トウモロコシ
チェコ	トウモロコシ
コスタリカ	綿、大豆
ルーマニア	トウモロコシ
スロバキア	トウモロコシ

表4　二〇一三年の作物別栽培面積

作物	全体の作付面積	遺伝子組み換え品種の作付面積
大豆	一億〇七〇〇万ha	八四五〇万ha（七九％）

トウモロコシ	一億七九〇〇万ha	五七四〇万ha（三二%）
綿	三四〇〇万ha	二三九〇万ha（七〇%）
ナタネ	三四〇〇万ha	八二〇万ha（二四%）
計	三億五〇〇〇万ha	一億七五二〇万ha

このような栽培面積拡大が、さまざまな事件を惹起してきた。

アルゼンチンの悲劇

アルゼンチンでは　遺伝子組み換え大豆の栽培面積が拡大したことで、それに用いる除草剤ラウンドアップが原因で、健康被害が拡大していることが分かった。二〇〇九年にこの報告を発表したのは、地域で活動しているRural Reflection Groupe（地域を反映させるグループ）で、同報告は多数の医師、専門家、住民の証言から構成されている。それによると、特に際立っているのが、若年層のがん、出産時の障害、狼瘡《ろうそう》と呼ばれる皮膚障害、腎障害、呼吸器系の疾患などである。コルドバ州では、白血病、皮膚の潰瘍、内出血、遺伝障害などが多発し、サンタフェ州では、一〇倍の肝臓癌、三倍の胃癌・精巣癌が発生しているという。

また、この除草剤が胎児に障害をもたらす可能性があるとする見解を、発生学を専門とするブエノスアイレス大学教授アンドレス・カラスコが、二〇〇九年に発表した。同博士によると、両生類の胚を用いた実験で胎児に脳や腸、心臓に欠損を生じるケースがみられたという。この結果は、人間の胎児でも起きうると指摘している。同教授はまた、この農薬が、ホルモンに悪い影響を及ぼし、催奇形性だけでなく、発がん性をもたらすことが、よりはっきりとした、と指摘した。

このような発表をしたカラスコ博士に対する攻撃も強まっているようだ。二〇〇九年には、すでに四人の男性が博士を訪れ、脅していったことが明らかになっている。これまでも同国では、モンサント社のGM作物や除草剤ラウンドアップを批判すると同様の脅しが行われてきている。さらに二〇一〇年八月七日、カラスコ教授が行おうとした講演会が、約一〇〇人ものGMO推進派の集団に襲われ、中止に追い込まれた。

その他にも、アルゼンチンの医師グループが、GM大豆の栽培拡大にともなうラウンドアップの使用量増加と出生異常の急増との関係に注目した報告を行った。DNAの障害、ラウンドアップの主成分グリホサートとその分解産物AMPA、神経発達障害などに関する内容を含むもので、二〇一〇年八月にコルドバ国立大学で開かれた第一回農薬散布実施市町村医師会議で報告された。一九九六年以来、アルゼンチンでは除草剤でも枯れない「スーパー雑草」の拡大とともに、ラウンドアップの散布量が増加しており、当初へクタールあたり二リットルだったものが、現在、多いところでは一〇~二〇リットル散布されている地域もあり、そうした地域では一般市民が暮らす住居や、学校、公園、水源、運動場、仕事場などにも農薬が飛散している。そうした地域で診療を行っている医師たちによれば、がん、先天性異常、生殖異常が急増しているという（人口一万人あたりの出生異常が、一九九七年には一〇人以上、二〇〇一年には二〇人以上、二〇〇八年には八〇人以上）。医師らは、GM作物を導入した現在の農業生産方法を問題視しており、充分に研究し、社会的にも文化的にも納得できる、生態系の再生が可能な生産システムを選択できるようにするよう求めている。

除草剤ラウンドアップは、現在、日本でもっとも使われ、遺伝子組み換え作物の拡大にともない、世界的にも消費量が増えている農薬である。その除草剤ラウンドアップの主成分であるグリホサートの毒性について、環境保護団体のグリーンピースとGMフリーズが共同で「報告書」をまとめた。それは、企業と結びつかない独立した研究で、審査を経て学術誌などに掲載された論文二〇〇近くを分析したものである。それによるとグリホサートは、がんを引き起こし、出産に悪影響があり、パーキンソン病を含む神経系の疾患をもたらすという。

また、ヒト胚（受精卵）を含む細胞にダメージをもたらし、ホルモン・バランスを崩す、と指摘している。さらには水系を汚染し、そこに棲息する動植物、土壌の栄養素など環境への影響も指摘している。

このような状況の悪化から、サンタフェ州の裁判所が、二〇一一年二月に、住宅地へ飛散する農薬散布を禁止する判決を下した。この判決は、他の州で行われている同様の裁判に影響しそうだ。この法廷での争いは二年間続いてきたが、健康を優先する画期的な判決となった。

インドで自殺者急増

アルゼンチンでは健康障害が拡大しているが、インドでは自殺者が増大している。インドでは、作付される綿の大半が、殺虫性（Bt）綿になった。その結果、収量の減少が止まらない。二〇一一年は、一〇月の収穫期を迎え、この五年でもっとも低い水準に達した。種子代が高い上に、喧伝とは異なり収量は落ちる一方で、農家は経済的に追い詰められている。

インドの綿畑（2012 年 10 月、ハイデラバード近郊にて）

インドではこの一六年間で二五万人の農民が自殺に追い込まれている。綿の生産地マハラシュトラ州では、この期間に五万人を超える農民が自殺している。自殺者の三分の二が、同州のほかカルナタカ、マッディヤプラデーシュなど五つの州に集中しており、Bt綿と農民の自殺との間に強い関係が示されている。

米国ニューヨーク大学ロースクール

の「人権と世界の正義センター」が二〇一一年春に発表した報告によると、自殺の原因は、経済の自由化や、市場のグローバル化が進むとともに、政府補助金が減少し、経費が増加し、収益が減少していることが大きいが、とりわけBt綿の栽培農家の自殺率が高いという点で注目される、と述べている。

遺伝子組み換え品種の種子は高価だが、高収穫量を約束された農家は借金をして種子を買った。だが、充分な収穫を得るには水をたっぷり与えて栽培しなければならない。灌漑設備がなく、降雨に依存した栽培をしているインドの農民たちは、種子会社がアピールするような収穫・収入が得られず、借金の返済ができないまま悪循環に陥っているという。

収量減をもたらしている原因は、その他にもある。その一つが、耐性害虫の拡大である。インドでは、Bt綿の葉を食べると死ぬはずの害虫（蛾の幼虫）が、葉を食べても死なないどころか繁殖しているのが確認されている。八年前にBt綿の商用栽培が始まったが、二〇一〇年に発表されたインド農業大学（ＵＡＳ）の研究者の報告によると、Bt綿と非Bt綿の葉で繁殖する害虫の生態に、ほとんど差は見られなかったという。Bt綿は、害虫にとって有毒な蛋白質を産生しているが、試験栽培畑で見つかった害虫は元気に繁殖しており、その子孫も生殖能力に問題はなかったという。

綿の生産量も増えていない。同国の綿の生産量は、二〇一〇年までの過去五年、約五〇〇kg／haで停滞したままである。これはBt綿の割合が五・六％だった二〇〇四年から、九〇％まで増

インドのBt綿畑にて

えた二〇一〇年までほぼ変わっていない。農家は、種子代が高い分、収入が減少している。新たな懸念の材料が、従来存在しなかった害虫の出現である。

このような状況に対して、農民の怒りが強まっている。インドのカルナタカ、タミルナドゥ、アンドラプラデーシュの各州から一一人の農家が集まり、二〇一一年三月に南インド・カルナタカ州の州都バンガロールで、Bt綿に関する討論が行われた。そこでは農家が、Bt綿がもたらす農業破壊について語り合った。会議を主催したのはバンガロールにあるインド国立法科大学など。農民たちは、Bt綿によって経済的な損失が増え、土壌の毒性が強まり、収穫後の畑に放った家畜の間で病気や死亡するケースが頻発している、と報告した。

収量減少は、州政府を動かし始めた。二〇一二年一月、マハラシュトラ州政府は、Btワタ品種のひとつが約束された収穫量をあげなかったとして、一六四名の農家に四五〇万ルピーの賠償金を支払うよう、独バイエル・クロップサイエンス社インド支社に命じた。同社のBtワタ品種「SurPass 一〇三七」は、収穫量が最低基準にも満たなかったという。

農業問題を研究している世界の団体が共同で、二〇一一年六月二七日、インドでBt綿を大規模に栽培したことで、生物多様性が奪われ、四〇〇万もの綿栽培農家が危険にさらされている旨の声明を発表した。現在、同国では綿の栽培面積の九〇%がGM綿になっている。この共同声明は、カルナタカ大学の農業科学部、バイオReインド社、スイス有機農業研究所などによって作成された。

モンサントのBt綿では、商品名「ボールガード」がまず広がったが、さまざまな問題が起きてきたことから、同社は、新商品の「ボールガード2」の売り込みを図ってきた。二〇一一年一一月七日に開催された国立生物委員会（NOC）の会議で、インドにおける「ボールガード2」の作付け面積が八四〇万haに達したと、同国のモンサント社であるマヒコ・インド社の取締役が述べた。これはインドにおける綿栽培面積の約七〇%を占め、Bt綿全体だと全綿の九三%になる。この事態に、同会議のC・D・マイー議長は、インドの伝統的品種が失われるとして、憂慮を表明した。

児童労働が問題に

　農民の自殺者の増大と並び、大きな社会問題になっているのが児童労働である。インドでは、綿の収穫に子どもがかり出され、健康障害が広がっている。なぜ子どもがかり出されるかというと、小さい指先が収穫にむき、背の低いことが人工授粉に適しているからである。それに加えて、危険労働と見なされていないことから、一四歳以下でも働くことが認められているのである。早い子では八歳くらいの年齢から労働に携わっており、一日六時間までという制限が無視され、一日一〇〜一二時間労働させられているケースもあるという。約六万人の子どもたちが労働している可能性があると、あるNGOは推定している。インドでは、最低賃金の支給、労働時間五時間以内、労働局への報告などが児童労働法で義務付けられているものの、農業での児童労働は禁止されていない。それに加えて、Bt綿が広がったことで、殺虫毒素が健康に影響し始めていることが、明らかになってきた。「ヒンダスタン・タイムズ」誌（二〇一一年七月一九日）が伝えるところによると、子どもたちの間で起きている健康被害は、頭痛、吐き気、皮膚病、呼吸器系疾患などで、二〇〇九年には五人が死亡しているという。

　国際労働者の権利フォーラムでデイブリ・ヴェンカテスワルルが二〇一一年に報告したところによると、アンドラプラデーシュ州での綿畑の労働で、労働力の二九・八％が一四歳以下の子どもで、その内七〇・六％が少女だった（二〇〇九〜二〇一〇年）。グジャラート州では二四・六％が一四歳以下の子どもで、その内六二・七％が少女だったという。子どもといっても、少女の割合が高いようだ。ＮＧＯの「子どもの権利を守るための全インド委員会」は二〇一一年一〇月、Bt綿にかかわる児童労働を禁止するよう、労働大臣に求めたが、同国政府は、今のところ対策を立てようとはしていない。

違法パパイヤが流通

経済的な損失も数多く起きている。日本では、二〇一〇年末、ＧＭパパイヤの種子が、台湾から不法に輸入され、沖縄で栽培され、流通していたことが発覚した。日本で初めて消費者が、知らないうちに生《なま》のままＧＭ食品を食べていたことになる。発表したのは農水省で、台湾から二〇〇五年から二〇〇九年にかけて輸入したパパイヤ種子「台農五号」が、ＧＭ種子だったことが判明したもの。輸入したのは沖縄などの種子企業四社で、沖縄で五年間に三kgほどの種子が販売され、パパイヤとしては年間約一〇〇〇トンが生産・流通していたもようだ。農水省は、ＧＭ生物から生物多様性を守るための法律である「カルタヘナ国内法」に基づき種子企業に在庫の廃棄を求め、同時に販売先の報告を求めた。また、沖縄県は、栽培されている木の伐採を進めた。

今回の違法流通は、消費者庁によるＧＭパパイヤの表示制度の検討がきっかけだった。ハワイ産のGMパパイヤ「レインボウ」の販売承認を直前に控え、国立医薬品食品衛生研究所が、同パパイヤの検査法を確立するため、二〇一〇年一二月上旬に沖縄県内の農産物直売店やホームセンターで販売しているパパイヤの生果実と苗を購入、試験的に分析したところ、八検体のうち一検体からGMパパイヤが検出されたのである。調査したところ、台湾で研究中のGMパパイヤと共通のDNAを持っていることから、台湾のGMパパイヤだと判明した。このGMパパイヤは、台湾でも作付けも流通もしていない代物であった。

このパパイヤは、遺伝子組み換え技術を用いて、パパイヤ・リングスポット病を引き起こすウイルスに抵抗力を持たせたものである。

沖縄ではパパイヤは、至るところに自生している

食品としては、アレルギーを引き起こす可能性があると指摘され、問題になっていた。ハワイですでに栽培されており、以前もこのハワイ産のGMパパイヤが違法状態で、日本の市場に流入したことがある。

日本でこれまで栽培されてきたパパイヤは、JA宮崎中央が販売する、宮崎県総合農業試験場亜熱帯作物支場が、組織培養した苗から挿し木で増やした品種が多い。しかし、台湾やタイなどから種子や苗を輸入しており、最大の輸入先が台湾である。

国内でのパパイヤの収穫量（二〇〇九年）

沖縄	一〇二・九トン
鹿児島	四五・五トン
宮崎	五八・八トン
計	二〇七・一トン

パパイヤの輸入量（二〇〇九年）

フィリピン	二五一〇トン
ハワイ	六七四トン
台湾	一一トン
その他	一トン
計	三一九六トン

台湾からの種子・苗の輸入量

	種子	苗
二〇〇五年	五五kg	六三二〇本

沖縄ではパパイヤは日常的に食べられている

二〇〇六年	一五kg	〇本
二〇〇七年	〇kg	二三本
二〇〇八年	〇・一kg	三〇二五本
二〇〇九年	〇kg	四五六〇本

西豪州でのGMナタネ汚染で有機認証剥奪

二〇一〇年、西オーストラリア州の州都パースから南東約三〇〇㎞で有機農業を八年間にわたって行ってきた農家のスティーブ・マーシュが所有する畑が、GMキャノーラに汚染されているのが見つかった。同州のオーガニック規格は一切のGM混入を認めていない（〇％許容値）ため、農家は損害賠償を求めて隣人のGMナタネ農家を提訴することを考えた。というのは隣接の農家の畑から風によってGM種子が飛散したと思われ、この有機農家の敷地の境界線から一・五㎞も中に入った地点で検出されたからである。

この汚染によって、西オーストラリア政府農業大臣が行った、GMナタネ汚染は起こさせないという約束は、果たされなかったことになる。もっとも同大臣が設定した隔離距離はわずか五mであり、汚染が起きて当たり前だった。

スティーブ・マーシュは二〇一二年四月に提訴した。これはオーストラリアにおける有機畑へのＧＭ汚染をめぐる初の裁判となった。提訴前、モンサント社は、訴えられる側になる隣接する農家を支援する、と表明した。

汚染は二〇一〇年一二月二七日に正式に確認され、州政府はスティーブ・マーシュの有機認証を取り消した。この事態に対して、オーストラリア有機生産者協会は、州政府農業大臣が汚染を容認し、有機認証を取り消したことを強く批判し、有機農業をＧＭＯ汚染から守るためには国の法律が必要だという見解を発表した。

このような状況の中、ヨーロッパと日本の非ＧＭナタネを購入している企業から、ナタネが汚染されたことを理由に契約を解除するとの警告が示された。これに対し、オーストラリアの穀物企業ＣＢＨグループは、非ＧＭナタネはＧＭナタネに比べて五％ほど値段が高くメリットがおおきい、と述べた。

この汚染問題に対する批判が集中する中、同州である農家が作付けしたＧＭナタネが全滅するという事態が発生した。原因についてさまざまな要因が挙げられる中、モンサント社は「天候のせいだ」とＧＭ種子との関係を否定した。いずれにしろ、この農家がＧＭ種子を用いるのはこれが最初で最後ということになりそうだ、と報道されている。

同じ西オーストラリア州で、遺伝子組み換えナタネをばらまく事件が相次いで発生した。二〇一一年八月九日、ＧＭナタネを輸送中のトラックが事故を起こし、大規模な汚染が起きてしまった。事故が起きたのは、州都パースから南東一六〇㎞のウイリアムズに近い国道上で、走行中のトラックの下部から出火し荷台の底に穴があき、積んでいたGMナタネ一五トンがこぼれ落ちたもの。運転手が気づかず、ばらまきながら走行した結果、大量のGMナタネが広範囲にばらまかれてしまった。さらに火災事故だったため、水がまかれ、GMナタネが大量に流失し拡散した。二〇一四年四月一日、同州で同じような事故が繰り返された。今度はGMナタネを積載したトラックが衝突事故を起こしたのである。場所は、パースより南東四六五キロメートルの交差点で、GMナタネはあたりに散逸した。同国緑の党は「重大なバイオハザードである」と表明した。

三重県で地元名産の菜花が自家採種できなくなる

日本では、GM作物は栽培されていない。しかし、輸入した作物がこぼれ落ち、自生が拡大している。現在、日本に入っているGM作物は、トウモロコシ、大豆、綿実、ナタネの四作物とも主に油や飼料目的で輸入されている。そのため輸入の形態はすべて種子であり、こぼれ落ちるなど、環境中に撒かれると自生する。とくに自生が広がっているのが、ナタネである。

三重県では、四日市港に陸揚げされたナタネが、食用油工場まで輸送される過程で、種子をばらまき、GMナタネの自生が拡大してしまった。そのため三重県の特産品である食用の菜花との交雑の可能性がでてきたとして、自家採種を断念する事態に追い込まれたことが報道された。

欧州では、インドから購入したオーガニックコットンにGM綿が混入していたため、オーガニックと表示できず、アパレルメーカーが損害を被る事態が起きている。オーガニックは、非ＧＭが原則である。

米国やカナダでは、有機農業の継続を断念する農家が相次いでいる。米国では、独バイエル・クロップサイエンス社が開発したＧＭイネの種子が、未承認のまま流通し、農家に多大な損害を起こし、巨額の賠償金の支払いが生じている。

中国での子どもを用いた人体実験

米国の科学者と中国の科学者が共同で行った、ＧＭイネの人体実験が波紋を広げている。人体実験は、二〇〇八年に中国湖南省衡陽特別市の六〜八歳の子どもたち二五人に対して、ＧＭイネの「ゴールデンライス」を直接食べさせる形で行われ、安全性が評価された。このＧＭイネは、ビタミンAライスとも呼ばれ、ベータカロチンを増やしたものである。ベータカロチンを多く含むため、少し黄色味を帯びることから「ゴールデンライス」と呼ばれてきた。鉄分不足で栄養失調の子どもたちを助けるというキャンペーンが繰り返し行われてきた。現在は、フィリピンにあるＩＲＲＩ（国際稲研究所）が開発の中心にあり、フィリピンや中国、バングラデシュなどでの商業栽培が企図されている。また、人道支援になるとして、ＧＭイネ売り込みの切り札としても、開発がすすめられ、商業栽培に向けた動きが作られてきた。

しかし、動物実験などで安全性が確認されておらず、今回いきなり人間で、それも子どもで実験を行ったことになる。

事件の波紋は、米国・中国で特に広がった。米国では、科学・医学上の倫理違反だとして、この研究プロジェクトを批難する声が広がった。American Journal of Clinical Nutrition誌にこの実験結果の論文を寄稿した執筆者は、米国マサチューセッツ州タフツ大学の研究者であり、同大学当局はこの事実を確認したことを明らかにした。

研究論文には共同執筆者として、中国の研究者が名前を連ねていた。その中国側の研究者三名はいずれも、この研究でゴールデンライスは使っていないと否定し、子どもたちの住む湖南省当局も否定した。しかし、中国政府が調査に乗り出し、疾病コントロール・予防センターが特別対策本部を設置し、中国の研究者三人の内の一人は、職務停止処分を受けた。

米国では、科学・医学上の倫理違反だとして、親たちに謝罪が行われた。また中国側も地方自治体から家族に対して八万元（一万三〇〇〇ドル）の補償が支払われた。しかし、親たちは将来も含めた長期間の影響への懸念を抱いている。

不可思議なGM小麦発見

二〇一三年五月二九日、米国農務省（USDA）動物植物保健衛生検査局（APHIS）は、同

国オレゴン州の農場から提出された小麦を検査したところ、モンサント社の除草剤耐性小麦であることが明らかになったと、発表した。これは農家が、除草剤で枯れない小麦があることから、GM小麦ではないかと疑い、オレゴン州立大学の科学者に依頼した分析でGM小麦であることが明らかになり、それをAPHISが追試したものである。

同州は小麦の一大生産地であり、その九割が輸出されており、日本にも入ってきている。世界最大の米国産小麦の輸入国である日本では、農水省が直ちにオレゴン州産小麦の輸入を一時的に停止し、検査体制を確立することにした。アジア第二の輸入国である韓国も輸入を一時的に停止し、台湾やEUも検査体制の強化を図ることにした。この動きを受けてモンサント社は、六月四日までに、このGM小麦の検査技術を日本、韓国、台湾、EUなどに提供したことを明らかにした。輸入停止による影響を最小限に食い止めるのが目的だった。

米国内では、日本などの輸入停止により小麦の価格が暴落するなど、影響を受けたとしてカンザス州の農家がモンサント社を訴えた。この訴えを起こしたのは、農家のアーネスト・バーンズで、同氏の代理人によると、さらに訴えは広がり、集団訴訟に発展したという。

これらの動きに対して、モンサント社の最高技術責任者のロバート・フレーリーは、この小麦が偶発的に混入したか、意図的に混入した可能性があると述べ、発見された農家だけのごく一部にとどまる問題だと指摘した。

モンサント社が除草剤耐性小麦の野外での栽培試験を始めたのは、一九九八年頃と思われる。

二〇〇〇年一二月には環境保護局（ＥＰＡ）に承認申請を行っている。米国では、ＧＭ作物の栽培を行うためには、ＥＰＡ、ＵＳＤＡ、それにＦＤＡ（食品医薬品局）の承認を得なければならない。その後、日本を含めて各国に承認申請を行い、世界同時に承認を得ようとした。それは、未承認で流通すると、回収や廃棄、損害賠償請求などの訴訟が起きるからである。

しかし、ＧＭ小麦への抵抗は強く、最大の輸出国である日本の消費者が一二〇万人強の反対署名を持って米国やカナダを訪れたり、カナダや米国内でも反対運動が広がり、ついにモンサント社は「除草剤耐性小麦」からの撤退を表明し、二〇〇四年六月二一日に、米国以外の承認をすべて取り下げ、二〇〇五年には栽培試験を終了させた経緯がある。皮肉なことに、未承認での流通を避けるために世界同時申請までしたＧＭ小麦が、八年もの間、未承認のまま栽培され、世界中を流通していた可能性が大きいことになる。

このように、ＧＭ作物をめぐる事件は繰り返し起きており、とどまるところを知らない。

第六章　経済成長戦略下のｉＰＳ細胞とＳＴＡＰ細胞

ＳＴＡＰ細胞の波紋

英国の科学誌『ネイチャー』（二〇一四年一月三〇日）が掲載した「ＳＴＡＰ細胞」にかかわる論文が、大きな反響をもたらした。新聞やテレビがこぞって「三〇歳の女性がノーベル賞級の成果」と報道し、ワイドショーのような扱いで研究者を取り上げ、大きな騒ぎとなり、肝心の研究の中身に踏み込んで触れた報道は皆無に近いものだった。

ＳＴＡＰ細胞とはどんなもので、どの点が成果なのか、問題点や限界は何か。その根拠はどうなのか。本来、伝えられなければいけないことが、まったく伝えられないまま、騒ぎだけが大きくなってしまった。いまの科学報道の問題点が浮き彫りになったともいえる。

このＳＴＡＰ細胞は、刺激惹起性多能性獲得細胞（Stimulus-Triggered Acquisition of Pluripotency cells）の英語の頭文字を組み合わせて命名されたものである。「多能性」を持つ細胞が、ごく簡単な化学物質による刺激で獲得されたという論文の中身だった。多能性とは、さまざまな臓器や組織を作り出す能力といってよい。受精卵と同じように、体を構成するすべての臓器や組織を作り出す能力を「全能性」というが、全能性を持つかどうかは分からないが、それに近いものができたというものだった。

ほとんどのマスメディアが、この論文を信用したのには理由がある。それは、メインの執筆者の小保方晴子研究員はさておき、名前を連ねた共同研究者の名前を見てのことである。山梨大学の若山照彦教授など、一流と言われる研究者が名前を連ねている以上、信用できると判断したといえる。しかし、本当にＳＴＡＰ細胞は獲得されたかよく分からないまま、騒ぎだけが増幅していき、マスメディアは、再びワイドショーのような扱いで、小保方研究員について取り上げ始めた。

それでも、この論文の主要著者の一人、ハーバード大学のチャールズ・バカンティ教授は、ＳＴＡＰ細胞のアイデアを生み出したのは自分と弟であり、その存在を立証するとして強気の姿勢を崩していないと伝えられている。これからは、本当にＳＴＡＰ細胞は獲得できるのか否かという点に焦点が移行している。この事件は、現在の科学研究の問題点を集約した性質をもち、後で触れる、韓国で起きた黄禹錫《ファンウソク》事件を髣髴とさせる性質ももったものである。

体細胞クローン技術から始まった

このような多能性を持つ細胞作りの出発点は、体細胞クローン技術から始まった。この技術が発表されたのが、一九九六年である。世界的に大きな話題となった「クローン羊ドリー」の誕生のニュースだった。体細胞クローン技術は、体細胞から生命体を作り出す技術である。体細胞とは、体を構成する、生殖細胞以外の細胞のことで、受精卵と異なり生物の体全体をつくり上げる遺伝子がすべて働いている「全能性」がない。受精卵は、細胞分裂を繰り返して体を形成していくが、徐々に臓器や組織などに分化が進んでいく。その過程で遺伝子の多くが休止状態になる。例えば、心臓を作る細胞で、肺を作る情報が働いていると都合が悪いからである。耳の形をつくるときに、鼻の形をつくる遺伝子が働いていては、形にならない。そのため、次々と遺伝子の働きが止められるようになる。

このように分化の過程で、体細胞からは生物の体全体をつくり上げる能力が徐々に失われていく。その体細胞を用いてクローン動物をつくるとなると、「全能性」を取り戻さなければならず、受精卵と同じ状態にまで戻す「初期化」を行わなければならない。その初期化が成功し、全能性を持たせることができたということで、体細胞クローン動物の生産が行われるようになった。その全能性を獲得させたとされる方法が、細胞を培養する際に、細胞分裂を促進するために用いられている血清を減らす「血清飢餓培養」というものである。血清を減らしていくと細胞分裂が起きなくなっていくが、その過程で初期化が起きることが分かった。しかし、この体細胞クローン技術で作り出した動物には異常が多く、とても実用化に耐えるものではなかった。なぜ異常が多いのか、原因は解明されていない。

この体細胞クローン技術にとってかわったのが、ES細胞（胚性幹細胞）である。最初に「万能細胞」と呼ばれた細胞である。米国ベンチャー企業ジェロン社から資金を受けて開発を進めていた、米ウイスコンシン大学霊長類研究センターのジェームズ・トムソンらは、一九九八年に「ヒトＥＳ細胞」の樹立に成功した。それ以来、開発や応用分野で激しい先陣争いが起き、開発に弾みがついてきた。

受精卵が細胞分裂を進めていくと、一〇〇程度の細胞に分裂した胚盤胞期《はいばんほうき》になり、内側の細胞の塊（内部細胞塊といい、やがて体を構成する）と外側の覆い（胎盤となる）の部分に分かれる。その内側の塊を取り出して培養したもので、臓器や組織を作るすべての遺伝子が働いており、あらゆる臓器や組織を作り出す能力を持っていると考えられることから、「万能細胞」と呼ばれ、注目された。

また、この体細胞クローン技術とＥＳ細胞を組み合わせると、拒絶反応が起きない臓器や組織ができ、「再生医療」の切り札になるといわれた。こうして再生医療がクローズアップされた。再生医療とは、失われたり壊れた皮膚などの臓器、組織を再生する医療である。この臓器や組織の移植での最大の問題点の一つが、拒絶反応である。

体細胞クローン技術とＥＳ細胞を組み合わせて行う再生医療とはどんなものだろうか。なぜ注目されたのか。それは移植したい本人の体細胞から「クローン胚」を作り、そこからＥＳ細胞を作り出し臓器を作ると、当人の体細胞から作り出した臓器であるため拒絶反応が起きないと見られたからである。しかし体細胞クローン技術がうまくいかなかった。しかも、ＥＳ細胞を作り出すには受精卵を壊さなければできないことから、倫理的な壁にぶつかった。

また、韓国で起きた黄禹錫事件が、影を落とすことになった。韓国の英雄的科学者である黄禹錫が、人間の体細胞クローン胚からＥＳ細胞を樹立したと、二〇〇五年五月一九日付『サイエンス』誌に発表し、世界中が驚き、称賛したが、それが偽りだったという事件である。ＳＴＡＰ細胞と同じような事件が、約一〇年前にすでに韓国で起きていたのである。この場合、事件そのものというより、きわめて恵まれた条件で体細胞クローン胚からＥＳ細胞を作り出すのに成功したということだったが、それが嘘だったことの衝撃である。体細胞からＥＳ細胞を作ることのむずかしさを示したからである。これにより研究は、ＥＳ細胞からｉＰＳ細胞へと向かうのである。

ｉＰＳ細胞、ＳＴＡＰ細胞の登場

新たに登場したｉＰＳ細胞（人工多能性幹細胞、induced pluripotent stem cell）は、体細胞の中の幹細胞と呼ばれる、細胞を供給する母細胞から作り出すＥＳ細胞と似た細胞である。この細胞は、受精卵から作り出されたわけではないため、あらゆる組織や臓器に分化させるには、手数が必要だった。その手数とは、どのようにして体細胞の幹細胞にＥＳ細胞並の能力を持たせるか、だった。研究者たちは、競ってＥＳ細胞と同様の能力を持つｉＰＳ細胞作りに取り組み、遺伝子を組み換えて開発を進めてきた。日本では、京都大学の山中伸弥教授らが取り組んだ。山中教授は、ＥＳ細胞と体性幹細胞の違いを見ていき、浮上した二四の遺伝子から四つの遺伝子に絞り込んだ。まずマウスの皮膚の細胞を培養して、その細胞に四つの遺伝子を導入したところ、ＥＳ細胞と同様の性質をもたらすことができた。そして二〇〇七年一一月『セル』誌に発表された論文が衝撃を呼び、「ヒトの皮膚から万能細胞」という表現で、マスコミが大々的に報道した。

その後、この四つの遺伝子を三つにしたり、遺伝子の種類を変えたり、遺伝子を化学物質に置き換えたりしながら、さまざまなｉＰＳ細胞が開発されてきた。このｉＰＳ細胞から、さまざまな臓器や組織を作ったり、はては精子や卵子といった生殖細胞作りが進められてきた。しかもｉＰＳ細胞は、受精卵を壊して作るわけではないため、倫理的問題は無くなったとして開発に歯止めがかからなくなり、競争が激化した。

ｉＰＳ細胞が注目されている時に、さらにＳＴＡＰ細胞が登場した。この細胞も万能細胞と呼ばれ、あらゆる臓器や組織に分化する能力を持っていると見られた。しかもｉＰＳ細胞と同様に、体細胞から作り出した。ｉＰＳ細胞と異なる点は、遺伝子を組み換えず、弱酸性溶液の刺激だけで多能性を獲得させた点にあり、より簡単に作成できることが、この細胞の開発が画期的といわれたところである。

なぜこのような事件が起きたのだろうか。ＥＳ細胞やｉＰＳ細胞のような生命操作の分野を発生操作というが、いま、科学の世界で最も注目され、政府も手厚く予算を付けている分野である。裏返すと、他のほとんどの分野は予算を削られてきている。予算がついている以上、激しい競争が繰り広げられており、同時に周囲からの圧力で、成果を上げることが求められている。

その成果の尺度は、特許か論文である。特許を取得できなければ、論文を書くことが求められる。論文が書けなければ、特許を取得しなければならない。今回のＳＴＡＰ論文の場合は、特許を申請しており、ネイチャー誌に投稿して掲載された。最も誇るべき成果となるはずだった。

さらには、理研では野依良治理事長の体制となり、一段と研究成果が求められるようになっていた。とくに格上の特定国立研究開発法人の指定を目指して、活動を繰り広げてきた。研究者は日常的に成果を上げるよう強いプレッシャーがかけられていた。

ＴＰＰと経済成長戦略と生命操作

それにしても、なぜマスメディアは、このＳＴＡＰ細胞登場に対して、これほどまでに大騒ぎをしたのだろう。その背景には、安倍政権が進める経済成長戦略がある。同政権は、二〇一二年一二月二六日、内閣発足と同時に日本経済再生本部（安倍本部長）を設置した。その成長戦略を策定する場として、産業競争力会議（安倍議長）をおくことを閣議決定したのである。経済成長戦略の双翼のひとつが、この産業競争力会議だった。

二〇一三年一月二三日には、民主党政権が休ませていた規制改革会議（議長・岡素之・住友商事相談役）を復活させた。経済成長戦略の双翼のもうひとつが、この規制改革会議である。この二つの会議が、安倍政権の経済成長戦略の推進部隊であり、その中心に安倍首相自らが座っている。また、この経済成長戦略自体、ＴＰＰ参加を睨んだものでもあった。

その経済成長戦略の柱の一つに健康・医療が据えられた。二〇一三年三月一五日には、まず内閣官房に「健康・医療戦略推進会議」が設置された。さらに六月一四日には「健康・医療戦略」（内閣官房長官及び関係閣僚）が閣議決定された。八月二日には「健康・医療戦略推進本部」設置が閣議決定された。安倍首相は、自ら戦略の中心にあり、座長を務めてきた。この健康・医療戦略推進本部長も安倍首相である。具体的には、経済成長のために、健康・医療での規制緩和を行い、民間企業の力を用いて進めようというのである。

健康では、健康食品表示の規制緩和が柱になっている。具体的には、健康食品の表示に関する規制を緩和し、民間企業の裁量権を強めるという戦略である。安倍内閣が復活させた規制改革会議は、二〇一三年六月五日に最終報告書をまとめた。その中で具体的に健康食品の表示制度の変更が述べられている。その理由として、「健康長寿社会が創造する健康・医療関連産業」が有力な成長産業として位置づけられているのである。「健康食品の市場規模は一兆八〇〇〇億円に達しているが、規制の網がかぶせてあるためこれを緩和すれば、さらに大きな市場になる」といい、表示を変えることで、とてつもない成長産業に変身するというのである。

もう一方の「医療」の柱について、規制改革会議の最終報告書は「ｉＰＳ細胞を主役とする再生医療の推進」を据えた。ｉＰＳ細胞がなぜ経済成長の柱の一つになったのか。その根拠になったのが、二〇一三年二月二二日に経産省の「再生医療の実用化・産業化に関する研究会」がまとめた「最終報告書」である。同報告書では、再生医療の将来の市場規模を予測している。それによると二〇一二年の再生医療の市場規模は、周辺産業も加え一六一億円だが、二〇二〇年には一九〇四億円に拡大し、二〇三〇年には一兆五八一〇億円に、さらに二〇五〇年の潜在市場は実に三兆八四五八億円に達するというのである。この「法螺」に近い予測に基づいて、経済成長戦略が立てられた。

そのためには、医師法、医療法、薬事法などを改正して、規制緩和を行い、産業化を後押しする必要がある、というのが安倍内閣の方針である。二〇一三年七月一〇日には、経産省、厚労省、文科省の三省が合同で、「再生医療等基準検討委員会」を設置し動き出した。

iPS細胞が経済成長のけん引役となった背景には、京都大学の山中伸弥教授がノーベル賞を受賞したことで、iPS細胞がにわかに注目されたことに加えて、京都大学が包括的な特許を押さえていることが大きな要因になった。日本が先導できる分野と考えたからである。

暴走は止められるのか

すでにiPS細胞から、さまざまな臓器や組織を作る試みが進んでいる。その一つの事例が、慶応大学教授・岡野栄之等の研究チームが行っている、神経幹細胞を用いる実験である。脊椎損傷を起こさせたマウスに、iPS細胞から作り出した神経幹細胞を五〇万細胞導入したところ、マウスの後ろ足が動くようになったというもの。理化学研究所の高橋政代研究チームが行った実験は、加齢黄斑変性の治療にｉＰＳ細胞から作り出した網膜色素上皮細胞を移植するというもの。また東大医科学研究所教授の中内啓光らの研究チームが取り組んだのが、膵臓ができないマウスにキメラ技術を用いて、ラットのＥＳ細胞を導入したところ、マウスに膵臓ができたというもの。この技術を応用して、米国ソーク研究所は、マウスで人間の膵臓を作り出している。前出の岡野栄之等の研究チームはまた、精子の基となる細胞を作り出した。その精子を受精させることで、機能が正常か否かを確認したい、という研究者の声が大きくなっている。もしその受精から、生命が誕生すれば「人工人間」となる。生命を扱う科学者の世界は、いったん歯止めを失ったため、より危うい世界へと入り込んできている。

ｉＰＳ細胞の開発はまた、安全性もおざなりになってきた。もし臓器製造目的に用いたとしても、遺伝子組み換えに用いるベクター（遺伝子の運び屋）に、主にレトロウイルス（マウス白血病ウイルス）が用いられている。無害化しているといわれているが、一〇〇万回に一回程度突然変異を起こし、有害性を取り戻すことが確認されており、同ウイルスを用いた遺伝子治療で白血病になったケースもある。しかも、この細胞は無限に増殖する能力を持っている。テロメアと呼ばれるＤＮＡの端の結ぶこぶの部分は、通常は細胞分裂のたびに小さくなり、やがてすり切れて細胞死を起こすが、この部分が、がん細胞同様、細胞分裂の際に減少しない。このように増殖能力は発がん性と紙一重とみられているため、臓器移植の後にがん化する恐れも指摘されている。さらに、ｉＰＳ細胞自体、あらゆる臓器や組織に分化する前の未分化の細胞であることから、その未分化な状態が残ると、一歩間違えると人間としての体の機能を奪う可能性がある。また、自らの体細胞を用いて作り出したiPS細胞を用いて、臓器や組織を作り出しても、遺伝子組み換えを行うため、異物として認識し、拒絶反応が起きることも明らかになっている。倫理面や安全性よりも、企業化・商品化が優先されているのが、今の科学の世界である。その典型的なケースを、このiPS細胞に見ることができる。

再生医療という名の下で、人体部品工場づくりの流れは、止まることがない。山中教授のノーベル賞受賞は、ただでさえ歯止めが失われている生命操作を、さらに加速した。現代社会で最も価値が置かれているのが、経済である。歯止めの方法として、「生命倫理」が語られる。しかし、倫理はおカネの前にいつも無力である。一定の線引きは引かれるものの、やがてその線はずるずると後退してきた。政治倫理もしかり、インターネットでの情報倫理もしかり、生命倫理も同様である。

それに加えて、研究者の好奇心は止めることができない。さらにそれに追い打ちをかけているのが、民営化の嵐である。日本では公的研究所の独立法人化が進み、成果主義が求められるようになった。その成果の基準となったのが、すでに述べたように論文数と特許数である。そのノルマを達成するため「無謀」な研究が増えた。このままではiPS細胞を軸に、野放しに近い生命操作社会が現出しそうだ。

まだ、ほとんど何も分かっていない、この多能性を獲得したといわれる細胞が、経済成長戦略の中でもてはやされ、安全性が確認されないまま実用化されていく危険性がある。再生医療という名の下で、人体部品工場づくりの流れは、止まることがない。小保方論文に名前を連ねた研究者たちの多くは、今回の論文は問題はあるかもしれないが、ＳＴＡＰ細胞そのものが否定されたものではない、と述べている。研究開発は継続されていく。ただでさえ歯止めが失われている生命の操作、商品化をさらに加速する可能性が強まったといえる。

第七章　ＴＰＰによる知的所有権強化の狙い

米国経済は「知的経済」に

TPP交渉で米国政府が強く推し進めている重要課題の一つが、知的所有権の強化だといえる。米国経済が、知的所有権依存が強まったことに起因する。知的所有権の柱が特許であり、コンピュータ技術の発達に伴って、もうひとつの柱になってきたのが著作権である。

現在、マスコミなどは知的所有権とは言わず、「知的財産権」といい、略して「知財」などともいうようになり、経済性を重んじた表現で統一するようになった。この変化は、米国が知的所有権を経済戦略の柱に据えて以降である。米国経済は、この知的所有権への依存度が大きく、そのような経済を「知的経済」という。もちろん日本も、いまや企業戦略の中で知的所有権は大きな位置を占めているが、基本特許を大量に押さえている米国との関係でいえば、圧倒的に米国が有利な位置にあることは間違いない。

知的所有権の強化の動きは、一九八〇年代に米国政府が知的所有権戦略を打ち出したところに端を発する。一九九五年にWTO（世界貿易機関）が設立され、その前年にはそれに向けてTRIPs（知的所有権に関する）協定が締結され、強化のスピードは加速された。特許制度がなぜ貿易で問題になるかというと、属地主義と呼ばれる各国ごとに認可される仕組みがとられているからである。各国ごとに制度が異なるため、それぞれの国に申請して承認されなければいけない。また、各国ごとに制度に差があるため貿易促進の妨げになるということで、国際的な統一化と「国際特許」という考え方が取り入れられるようになった。現在、各国はＴＲＩＰｓ協定に基づいて特許制度を再編したので、世界共通化が進んだといえるが、属地主義は生きている。

生命特許

この特許の問題を、大きな問題を投げかけてきた生命特許を通してみていく。従来、遺伝子や生命が特許になることはありえなかった。それは、生命が工業製品ではないという、ごく当たり前の考えからきている。それを大きく変えたのが、米国での生命特許の成立だった。一九八〇年六月一六日、米国最高裁判所は、ゼネラル・エレクトリック社が開発した重油の分解能力を高めた細菌「チャクラバーティ」を特許として認める判決を下した。初めて生命特許が成立した瞬間である。

さらに一九八五年九月一八日、米特許庁が植物にも特許を認める判断を下した。これは「ヒバード事件」と呼ばれており、モレキュラー・ジェネティクス社が開発したトリプトファン含有量を多くしたトウモロコシそのものや、その組織培養物が特許として認められた。それまで植物の新品種は、植物新品種保護制度で守られてきたが、大変緩やかな保護制度だったため、より厳しい特許制度での保護を求め、認められたのである。

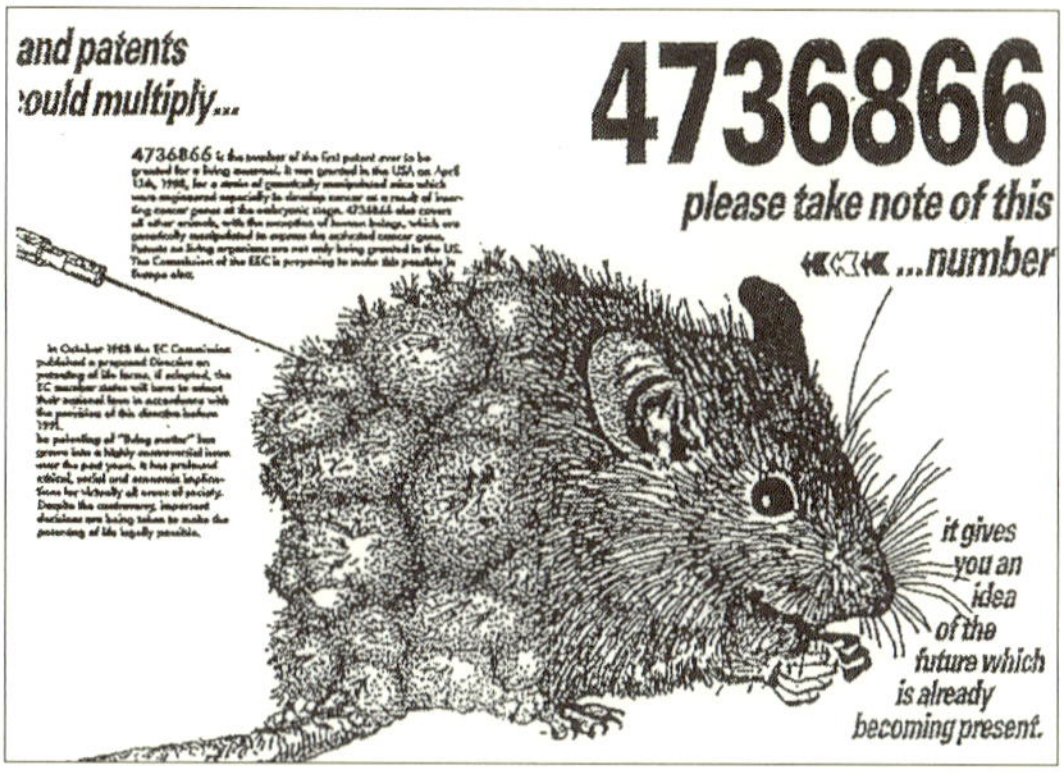
and patents
could multiply...
4736866
please take note of this
...number
it gives you an idea of the future which is already becoming present.

最初の動物特許

さらにその後、一九八八年四月には、初めて動物特許が成立した。ハーバード大学が開発した癌になりやすいように遺伝子を組み換えたマウス、「ハーバード・マウス」が特許になった。このマウスは、米デュポン社が資金を提供し、商業化権を得ていたことから、「デュポン・マウス」とも呼ばれている。こうして米国では生命特許が、当たり前になったのである。しかし、その段階では米国以外の国では、どこにも生命特許はなかった。

この生命特許が後押しとなり、米国では特許化の範囲が拡大していくことになる。その背景には米国の独特の特許制度がある。ほとんどの国が特許を「工業製品の発明品」に限定しており、実際に発明品がなければ特許として権利が認められない。しかし米国では「数式」などの考え方も特許になったり、設計の段階でも特許になったりする。そのため、いまやDNA鑑定などに欠かせない遺伝子の増幅機械であるPCR法に関しても、その考え方が特許になっており、さらに実際の機械にも特許権が付与され、二重の特許権が成立していた。そのほかにもトヨタ生産方式のようなビジネスモデルにも特許権が与えられるなど、実に幅広く権利をもたらす仕組みになっている。当時、このような考え方をとっている国は米国以外にはなかった。その米国だからこそ、生命特許が認められたといえる。

知的所有権戦略始まる

その米国で、さらに特許の世界を変えたのが、米国レーガン政権が採用した知的所有権戦略だった。一九八〇年代に入り、ＥＵや日本などの台頭によって、米国経済が競争力を失い始めていた。その巻き返しのためにとられたのが、ハイテク戦略だった。一九八一年にレーガン大統領が誕生すると、すぐにＳＤＩ（戦略防衛構想）が打ち出された。日本では「スターウォーズ計画」とも呼ばれていた、戦争を宇宙規模にまで広げた壮大な計画だった。その大きな狙いの一つが、ハイテク開発とそれを特許化して独占することにあった。こうしてハイテク化と特許戦略が一体化して、米国経済再生の柱に据えられたのである。

この時期、日本企業が米国企業によって、特許権侵害などで相次いで訴えられる。一九八四年にはコーニング社が住友電工を相手取り、光ファイバー技術をめぐってＩＴＣ（米国の国際貿易委員会）に提訴した。一九八六年にはハネウェル社がミノルタを相手取り、後にはキャノンやニコンを相手取り、カメラのオートフォーカス技術をめぐって連邦地裁に提訴した。さらには一九八六年、テキサス・インスツルメント社が日本電機など日本の企業八社と韓国の企業一社を相手取り、半導体技術に関して特許侵害だとしてITCに提訴した。このように、米国企業による知的所有権戦略が、提訴という形で猛威を振るったのである。

この知的所有権をめぐる紛争で、注目された組織が独立政府機関であるITCである。この機関は、知的所有権に関して強い権限を与えられている。企業が特許を侵害されていると判断すると、米国の関税法三三七条に基づきITCに提訴することができる。もしITCがクロと判断すると、対象となった製品は通関禁止となり、米国に輸出ができなくなる。

日本の企業の多くが、米国への輸出で成り立っており、輸出ができなくなると、命取りとなりかねず、そのため和解にこぎつけようとする。テキサス・インスツルメントは、この提訴によって、一九八七年だけで一億九一〇〇万ドルの和解金を手に入れることができたといわれている。

この時期、新たな課題として、コンピュータ・ソフトウェア著作権の問題が浮上した。それまで著作権というと、文学や絵画、音楽など、どちらかというと芸術やジャーナリズムの世界の問題だと見られていた。しかし、コンピュータ技術が発達したことで、ソフトウェアが経済活動の中心になりつつあったことから、これを著作権で保護する動きが出てきて、特許と並び知的所有権戦略の中で重要な位置を占めるまでになったのである。

著作権という知的所有権は、大変強い権利である。小説でも、絵画・音楽でも、書き始めた時点ですぐに権利が発生する。このような権利は、著作権以外にない。それがソフトウェアにも適用されていくことになる。

そのソフトウェアをめぐり、大きな問題が起きる。日本の企業は当時、世界の中で群を抜いていたトップ企業ＩＢＭ社のソフトウェアを真似する「ＩＢＭコンパチ路線」をとっていた。コンパチとは、コンパティブル（互換性）のことで、そのため、日本企業が他企業に勝つ条件として、いかに早くＩＢＭの情報を得るかが競争になっていた。それが産業スパイのような行為を招き、大事件を引き起こした。一九八二年六月、米国政府ＦＢＩ（連邦捜査局）が、日立製作所と三菱電機の社員一八人を情報不正取得容疑で逮捕した。この事件は、翌八三年二月に司法取引が成立して決着を見るのだが、日本企業が受けたダメージは実に大きなものがあった。

それに追い討ちをかけたのが、ＩＢＭによる富士通を対象とした著作権侵害事件である。一九八二年一〇月、ＩＢＭは富士通に対して、ソフトウェアで著作権を侵害したとして抗議した。この抗議は、いったんは和解するのだが、一九八五年七月にＩＢＭは、富士通が和解協定に違反したとして米国仲裁協会に提訴する。結局このケースも、富士通側が和解金を積む形で決着が図られた。こうして米国企業による知的所有権を盾にした攻撃のあらしが吹き荒れたのである。

一九八七年、レーガン大統領は年頭に発表される一般教書で、知的所有権戦略のいっそうの強化を打ち出した。それを受けて一九八八年八月には包括貿易法が発効するのである。そのなかに知的所有権が不備な国への制裁措置が盛り込まれた。それが「スペシャル三〇一条」と呼ばれるものである。この包括貿易法では「スーパー三〇一条」が注目されたが、これは不公正貿易を慣行としている国に対して制裁措置をとれるというものである。その知的所有権版が「スペシャル三〇一条」である。知的所有権が不備な国に対して制裁措置がとれるというものである。その調査・制裁の権限を持つ機関が、米国通商代表部である。この時から今日まで、日本も含めて各国政府は、米国通商代表部の動きに一喜一憂することになった。すでに述べたが、通商代表部はこれ以降、毎年、各国政府に対して、貿易障壁について要求を繰り返してきた。

この包括貿易法によって、関税法三三七条が改正されるのである。この条項はＩＴＣの権限を規定しているが、改正によって、米国企業による提訴が簡略化され、差し止めの仮処分決定までの期間が、それまで半年以上かかっていたのが、原則九〇日まで短縮されたのである。こうして、さらに米国経済の知的所有権依存度が強まり、知的経済へ傾斜を強めることになったのである。

遺伝子特許

米国政府・多国籍企業が、生命特許に次いでターゲットにしたのが遺伝子特許だった。一九九一年に米国政府は国家バイオテクノロジー戦略を打ち出した。同年二月に大統領競争力諮問会議が報告書をまとめるのだが、その中で遺伝子特許を戦略として掲げたのである。その最大のターゲットが、「ヒトゲノム解析計画」だった。人間の全遺伝子を解読しようという、当時としては途方もない壮大な計画だった。

その年の六月二〇日、米ＮＩＨ（国立衛生研究所）のクレイグ・ベンターが初めて遺伝子特許を申請した。これは当時としては無謀な申請だった。まだこの頃は、遺伝子を特許として認めるという考え方は存在しなかった。遺伝子は自然のままに存在するものであり、特許にならないというのが常識だったからである。

その後、クレイグ・ベンターは、セレーラ・ゲノミクス社を設立して、ヒトゲノム解析を猛スピードで行うと宣言、実際それを実行し、世界中を驚かせた。

さらに二〇一〇年五月二一日には、合成生命を作成し、これまた世界中を驚かせた。この話は後ほど詳しく述べることにする。

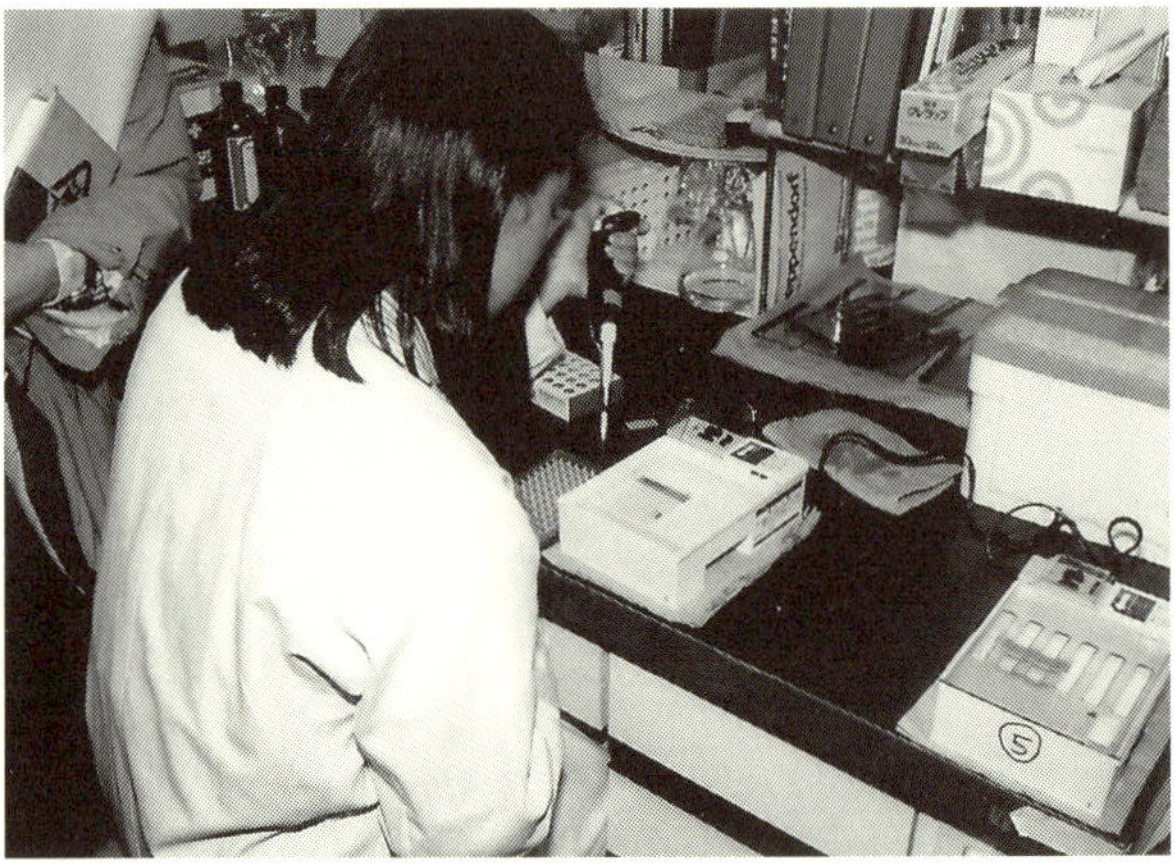

ヒトゲノム解析の現場（東大医科学研究所にて）

話を元に戻す。クレイグ・ベンターは、遺伝子特許を初めて申請した。しかし、一九九一年の時点では、さすがのＮＩＨもこの申請を自主的に取り下げざるをえなかった。その後、生命特許が当たり前になるとともに、遺伝子も特許にすべきだという考え方が力を得ていくのである。そして一九九八年、ついに米国のベンチャー企業、インサイト・ファーマシューティカルズ社が、遺伝子特許を取得した。これが自然界にある遺伝子を特許にした最初のケースだった。キナーゼという、人間の代謝に欠かせない酵素の遺伝子の断片を特許と認めたものだった。この場合、遺伝子の読み始め、読み終りも含めて、遺伝子の働きがはっきり解明されたものではなかった。

これはキナーゼをつくり出すDNA（デオキシリボ核酸）から、cDNA（相補的DNA）をつくり出し、その断片を集めたものである。DNA情報はRNA（リボ核酸）に転写され、（情報に基づきそのRNAがアミノ酸をつないで蛋白質がつくられる。cDNAとは、次のようなものである。DNAに乗っている情報の中で、働いている部分を遺伝子という。DNAには働いていない部分が多く、働いている部分はとびとびにある。DNAの情報が、RNAに転写される際に、その働いていない部分はそぎ落とされる。そのRNAから逆転写して作り出すのがcDNAである。このようにして、キナーゼをつくり出す遺伝子の情報が得られる。そのcDNAの断片を集めたものをEST（発現遺伝子配列断片）といい、そのため正確には、EST特許はcDNA断片の集積を特許として認めたものといえる。

はたして、このようなものが特許になるのか。一九九八年一一月には、このことを話し合うために、日米欧三極特許庁長官会議が開催され、そこで特許になることが確認された。こうして遺伝子もまた特許の対象になったのである。日本もEUもそれまでの姿勢を転換させて、遺伝子特許取得に向けて動き出すのである。日本政府が、米国が先行して進めた国家バイオテクノロジー戦略を打ち出したのは二〇〇二年のことだった。日本でもゲノム解析に多額の予算が投じられるようになったのである。

さらには特許問題で先進国間に矛盾が生じないように、一九九九年から主要先進国特許庁長官非公式会議（特許Ｇ７）が始まった。二〇〇〇年五月に開かれた第二回会議で、ビジネスモデル特許などと並んで、遺伝子特許問題が討議された。どこまで特許にするのか、ここでもはっきりした線引きはなく、解釈は多様である。米国で特許として認めたＥＳＴ特許は、日欧ではいまだに特許化に消極的である。

しかし、この一連の動きが、結果的に遺伝子特許容認の動きを加速させたといえる。結局、米国の論理が、世界の論理になっただけでなく、その後の動きも、途上国を排除した一部先進国による取り決めで推移していくことになる。

産業化の中で、生命や遺伝子は、経済的な価値だけが優先される時代に入ってしまった。一度失うと二度と戻ることがない、かけがえのない生命がもつ固有の論理は、経済優先の中で、消失してしまったといえる。

この生命特許、遺伝子特許が、バイオテクノロジーの研究・開発に弾みをつけた。技術の独占を可能にし、将来の金儲けの手段をもたらしたからである。その結果、さまざまな問題が生じていくのである。とくに人間の臓器や細胞、遺伝子までもが特許になったことで、企業による人体支配が進んだことがあげられる。

ジョン・ムーア事件

人体特許という考え方を、一般化した事件が、「ジョン・ムーア事件」だといえる。この事件について見ていくことにしよう。

ジョン・ムーアは、ワシントン州シアトルに住み、アラスカで商売を行っている人物だった。その彼が、毛様白血病という極めて珍しいがんにかかっていることを知り、カリフォルニア大学ロサンゼルス校医療センターに入院した。担当の医師は、病気で肥大化した脾臓の切除を勧告した。ムーアも、それに同意し、手術が行われた。

切除された脾臓は、がんと闘う白血球を増殖する因子を生産する能力に長けていると考えられた。そのため研究者は、切除された脾臓を用いて研究を重ね、がんと闘う力をもたらす因子をつくり出すことに成功した。

ムーアは、手術後もシアトルから同大学医療センターに通うことが求められた。後でわかったことだが、その理由の一つが、その因子をつくり出す細胞株の確立を確実にするためだったようである。ムーアはそのことを知らなかった。カリフォルニア大学は、一九八一年一月三〇日に、この細胞株の特許申請を行い、一九八四年三月に認められた。この細胞株の価値は、当時、三〇億ドル以上と見積もられた。

ムーアは、そのことを知り、利益の配分を求めてカリフォルニア州連邦地裁に訴えたのである。しかし、地裁の裁定はムーアの敗訴だったため、彼は控訴した。

この裁判の中身は複雑である。研究者がムーアから勝手に細胞株を取得したことは、バイオパイラシー（生物学的海賊行為）に当たる。それ自体問題だが、ムーアの所有権を認めれば、細胞株自体に所有権が生じ、売買可能な商品として扱うことが認められてしまうことになる。細胞だけでなく、臓器や組織にもその範囲は及ぶことになる。すなわち人体部品商品化に道を開くことになる。

一九八八年七月、カリフォルニア州控訴裁判所は、下級審の判決を覆した上で、ムーアに細胞株の共同所有権があるとした。もともとの細胞の所有者が、その権利を売ることも認めたのである。また、カリフォルニア大学が細胞株を特許にしたことについても問題ないとした。人体部品商品化に道を開いたのである。

カリフォルニア大学の研究者にとっては、問題となる判決だった。というのは企業や大学、研究者にとって、提供者が所有権を持つとなると、患者が共同所有者として押し寄せてくる事態が想定されたから、そのことは研究・開発の大きな支障になると思ったからである。ただちに大学は控訴した。カリフォルニア州最高裁は控訴審の判決を覆し、ムーアの共同所有権を否定した。この判決に研究者は安堵した。

問題は、この判決によって人体部品商品化は否定されたのかという点にある。最大のテーマは、特許権の有効性にある。これについて弁護士でありジャーナリストのA・キンブレルは次のように述べている。

「この判決には、チャクラバーティ事件において最高裁判決が冒した過ちと問題点を緩和するものは何も含まれていない。ムーア事件において最高裁は確かに、患者が自分の組織を売る権利を否定し、ヒトの細胞や組織を医療産業の現場で単なる商品として取り扱うべきではないと述べている。しかしチャクラバーティ判決に従えば、特許権を保持したものが患者の細胞、組織、遺伝子などの売買と利用に関して、政府お墨つきの独占権を得ることになる。今回の最高裁判決はこの考え方に何も反対していない。むしろムーア判決は、ムーア自身に自分の人体組織の所有権はなく、カリフォルニア大学に所有権があると判断したことでチャクラバーティ判決を補強したことになった」

またA・キンブレルは、多数意見に反対を述べた最高裁判所判事ブロサールの意見を引用している。それによると「多数意見は原告の訴訟理由を否定したが、このことは、人体組織を研究もしくは商業目的に売買することを禁じたことにはならない。また、原告の病因となった細胞が、たまたまもたらした価値を利用して、特定の個人や企業が経済的利益を得ることを禁じたことにもならない。多数意見は、この生物試料が市場でどのように扱われるかということを無視して、単に、細胞の提供者である原告が細胞のもたらす利益を得ることを禁止しただけであり、被告が原告から細胞を不当な方法で入手、保有し、何ら制限を受けることのないことを悪用して大儲けをしたことを追認したのである」（『ヒューマンボディショップ』化学同人より）

この判決がきっかけとなり、人体部品商業化が、大手を振って進むことになる。

遺伝子組み換え作物と特許侵害事件

知的所有権戦略の柱の一つとなった生命特許には、米国の食料戦略が深くかかわっていた。遺伝子組み換え作物が登場したことが背景の一つにある。その主役は多国籍企業モンサント社であり、その独占的地位を獲得し、さらに守るのに、知的所有権はもっとも大きな力を与えた。しかし、それによって途上国や農家は権利を奪われてきた。それを象徴する事件が、「パーシー・シュマイザー事件」である。

遺伝子組み換え作物が特許になり、しかも細胞や花粉までもがその権利の範囲内に含まれることから、さまざまな問題が起きることになる。パーシー・シュマイザー事件は、その典型である。シュマイザー一家は代々、ナタネの自家採種を行い、翌年に撒く種子にしてきた。しかし、周囲からのＧＭナタネの汚染の拡大がシュマイザーの畑にまで及び、その自家採種した種子にまで及んだ。モンサント社には「モンサント・ポリス」と呼ばれる調査官がおり、農家の畑を監視している。その調査官がシュマイザーの畑にやってきて、その畑に自社のＧＭナタネが作付されているとして、彼を訴えたのである。裁判は、特許侵害を争うものだった。一審、二審ともに、原因はともあれ、シュマイザーの畑にモンサント社のGMナタネがある以上、特許侵害に当たるとして、シュマイザーは敗訴したのである。二〇〇四年五月二一日に最高裁判決が下され、結局、特許侵害に関して覆ることはなかった。

この事件をはじめとして、米国やカナダでは、農家や種子業者がモンサント社から訴えられる事件が相次いで起きている。

最近でも、二〇一三年五月一三日、米国連邦最高裁判所が、農家がモンサント社の特許を侵害したかどうかをめぐり、モンサントの訴えを認める判決を下している。インディアナ州の農家ヴァーノン・ボウマンが穀物倉庫会社から購入した大豆種子を播いて栽培し、その種子にモンサントが特許を保有する除草剤耐性大豆が混じっていたため、これを栽培・収穫したのはモンサントの特許の侵害にあたるとして、同社がボウマンを訴えていた裁判である。ボウマン側は、この種子は穀物倉庫会社から合法的に購入したものであり、モンサントの特許権は及ばない、と主張した。最高裁判所は判決の中で、特許対象となっているモンサントの種子を栽培・収穫することで、モンサントの特許技術のコピーを作ったことになるため、特許権は及ぶ、とモンサント側の主張を認める判決を下したのである。

遺伝子特許をめぐる判決は、このようにモンサント社の特許権を後押しする形となった。さらに農家の農業を行う権利が危うくなる事態が拡大することが懸念されている。

相次いだ生命特許をめぐる見解

最近、遺伝子特許の解釈をめぐり新たな見解が示された。その一つが、米国での乳がんの遺伝子特許をめぐる最高裁判決である。二〇一三年六月一三日、米国連邦最高裁は、遺伝子特許について、自然のままに存在する遺伝子を特許にすることは認められない、という判決を下した。遺伝性の乳がんや卵巣がんの遺伝子をめぐって起こされた裁判でのことである。対象となったのはミリアド・ジェネティックス社が特許を取得した「ＢＲＣＡ１」と「ＢＲＣＡ２」という乳がん・卵巣がんにかかわる遺伝子だった。

いま遺伝子を検査することで、将来、乳がんや卵巣がんになりやすいことが分かるため、遺伝子診断が普及してきた。二〇一三年には、女優のアンジェリーナ・ジョリーが将来、乳がんになる可能性が高いとして、予防的に乳房を切除する手術を受け、話題になったばかりである。彼女の持つ遺伝子も、この「ＢＲＣＡ１」だった。彼女が乳がんになる可能性は八七％で、卵巣がんになる割合は五〇％だといわれたそうである。その高いリスクを避けるために予防的に乳房を切除したのである。

ミリアド・ジェネティックス社が、この「ＢＲＣＡ１」と「ＢＲＣＡ２」で特許を取得したのは、一九九八年のことだった。遺伝子特許取得が相次いだ時期のことである。この乳がん・卵巣がんの遺伝子を発見したのは、米国ユタ大学の研究者マーク・スコルニックだった。そのマーク・スコルニックが設立したのが、ミリアド・ジェネティックス社だった。

マイケル・ウォルドホルツ著『がん遺伝子を追う』（大平裕司訳、朝日新聞社）は、がん遺伝子を見つけだす競争に明け暮れる科学者と、遺伝子診断が「がん家系」の人たちを襲う悲劇を描いている。この乳がん・卵巣がんの遺伝子をめぐって二人の科学者が激しい暗闘を繰り広げていた。ライバルに打ち勝つための武器は、がんの家系データをどれだけ集めるかにあった。マーク・スコルニックは、大量に集めたモルモン教徒の家系データを武器に解析を進めていったのである。

がん遺伝子を見つけるために、がん家系の人たちの調査や、細胞の奪い合いが起きた。珍しいがん細胞になればなるほど研究者にとっては垂涎の対象になる。このような形で、市民のプライバシーが侵害され、やがて病気の遺伝子を持つ人たちへの就職差別や保険加入での差別が顕在化していくのだった。

ミリアド・ジェネティックス社は、その遺伝子を用いた診断法など、遺伝子周辺の特許を広げ、遺伝子検査を行う際に多額の特許権使用料を求めるようになる。

特許とは本来、工業製品の発明品に対して与えられる権利である。その特許の考え方から言って、自然に存在する遺伝子を特許にすることはおかしい、しかも検査のたびに特許権を持つ企業に高額の特許料を支払うことになり、問題視されてきた。こうして裁判が起こされたのである。

二〇一〇年三月、ニューヨーク南地区連邦地裁は、特許無効の判決を下した。ミリアド・ジェ

生命特許に反対のパフォーマンス　2008 年 5 月、ドイツ・ボンにて

ネティックス社は直ちに控訴した。二〇一一年七月、連邦巡回控訴裁判所は、逆転、特許を認めた。そして二〇一二年三月、連邦最高裁は裁判のやり直しを命じ、こうして連邦巡回控訴裁判所での判決を経て、二〇一三年六月に連邦最高裁で「特許無効」の最終判断が下されたのである。

最高裁の判断は、「自然のままに存在する状態のものは、どんなものでも特許にならないが、人間が手を加えたものは特許になる」というものだった。分かりやすく言うと、DNAを解析しただけでは、それがどんなに珍しかったり、まれなものでも特許にならないが、そのDNAからcDNAをつくり出した場合は、それは自然のままではないので、特許になるというものだった。

ミリアド・ジェネティックス社はこの判決

について、乳がんや卵巣がんに関する遺伝子検査に関しては、そのほかに二四もの特許で守られているので影響を受けない、と述べている。現在、自然なままの状態だけで特許を申請しているケースはほとんどなく、多くの場合、ｃＤＮＡでの特許申請もしているため、この判決で影響を受けることはほとんどなくなっている。

この判決で焦点になったのは、遺伝子特許の範囲をどこまで認めるかだった。今回の判決は、自然に存在する遺伝子は特許にならないという、ごくまともな判決だが、同時に、組み換え遺伝子のような合成遺伝子に関しては特許権を認め、お墨付きを与えた形となったのである。

治療や診断方法も特許に

さらに新しい問題として提起されたのが、「デザイナー・ベイビー」をつくり出す手法が特許になったことである。これは治療や診断方法の特許化にあたり、特許の対象の拡大をも意味する。具体的には次のような技術が特許として認められた。

この技術を開発したのは米国の「23andMe」という名の企業で、グーグルの共同創立者サーゲイ・ブリンと別居中の妻のアン・ウォジツキが創立したベンチャー企業である。その手法は、まず提供者の卵子や精子の遺伝情報をデータベースに入力しておく。子どもが欲しい人がいたとすると、その人の遺伝情報を入力する。するとコンピュータが、望んだ形質の現れる人の精子や卵子を選択するというものである。その選ばれた精子や卵子を用い、体外受精・借り腹を用いれば、望んだ赤ちゃんがいとも簡単に手に入るということになる。

情報提供は「青い目になる確率は二五％」というように、確率で示される。もちろん夫婦間で情報を入力しても、生まれてくる子どもの形質が提供されるため、赤ちゃんを作ることをあきらめるケースも出てくるかもしれない。「病気になる確率」「アレルギーになる確率」も何％という形で提供される。そのため、夫婦間で子どもを作ることを避け、あらかじめその確率の低い人との組み合わせを選択することもできるということになる。

将来的には運動能力や背が高い低いといった情報まで提供されるようになるかもしれない。出生前診断も、行き着くところまで来たということができそうだ。

ＴＰＰ参加は何をもたらすか

多国籍企業にとって、知的所有権は他企業を排除でき、さらに巨大化を推し進めるための武器になっている。何でも特許にして囲い込む時代がやってきたことで、知的経済が闊歩しているが、ＴＰＰでは、知的所有権に関してはさらに強化拡大を図ろうとしている。米国の特許制度が世界の標準になり、適用範囲が拡大に次ぐ拡大を遂げてきたが、それが前提になったうえで、さらに問題が上乗せされようとしている。

ＴＰＰでは、まず加盟国のハーモナイズが求められる。その際、現在の米国主導の協議では、これまで通り米国の標準が、加盟国の標準になる可能性が強い。その場合、ＷＴＯのＴＲＩＰｓ協定が基本になるが、単にＴＲＩＰｓ協定で収まりそうにはない。さらに「ＴＲＩＰｓプラス」という考え方が取り入れられる可能性が強まっている。ＴＲＩＰｓ協定では、そのプラスを容認している。

ではそのプラスとして加えられるものとは何か。一、手続きの簡素化、二、特許や著作権期間の延長、三、保護範囲の拡大、四、違反への罰則の強化などが考えられる。

手続きの簡素化では、韓米ＦＴＡにおいて米国系企業が、韓国企業などの知的所有権侵害について、直接手続きを行使することができるようになったが、同様のことが起きかねない。

特許や著作権の期間の延長では、特許では従来の二〇年が三〇年に延長され、著作権では従来の五〇年が七〇年に延長される可能性がある。

保護範囲の拡大では、まず追加発明の特許化が考えられる。医薬品で、対象疾患が拡大すると、その分、新たな特許となるというものである。例えば、アスピリンの場合、最初は頭痛や神経痛などの痛み止めとして使われてきた。その後、血栓予防や心筋梗塞・脳梗塞などの予防にも有効だということで、対象疾患が拡大した。サリドマイドも最初は睡眠薬として用いられ薬害を引き起こしたが、その後、抗多発性骨髄薬として用いられるようになった。このような追加発明に対して特許を認めると、用途の拡大を小出しして、いつまでも権利を有するようになることもあり得る。

さらにはデザイナー・ベイビーのような、従来特許にならなかった治療や診断方法の特許化がある。また、生命特許・遺伝子特許のように範囲があいまいなものについても、権利の範囲がなし崩しに拡大される可能性がある。

違反への罰則の強化では、著作権侵害の範囲を拡大して、韓米ＦＴＡで取り入れられた、侵害した文書などを掲載したインターネット業者を罰するなどといったことも考えられる。

さらには特許権を楯に「非開示」が増えることになる。このことが、直接、食の安全にも影響を及ぼすことになる。現在、食品安全委員会に提出される企業の資料やデータの多くが公表されている。モンサント社などの資料も公開されてはいるものの、肝心な部分の大半が「特許」にかかわるとして墨塗りで「非開示」となっている。放射線照射食品やＢＳＥ問題などで、情報公開制度を利用して提出された資料やデータも同様である。墨塗りの個所は、食の安全に関する重要なデータが含まれており、市民は、肝心なことを知ることができない現実がある。知的所有権の保護期間の延長は、その非開示の期間を延長させることになる。しかも、その非開示そのものの範囲を増やそうというのが、「ＴＲＩＰｓプラス」という考え方である。企業の利益は増えるが、市民の権利は奪われる。先進国の利益は増えるが、途上国の権利は奪われる。

このように、知的所有権強化は多国籍企業の権利を強化し、強いものをさらに強くすることになるが、それ以外の圧倒的多数の人びとの権利は奪われていくことになる。

年表

一九七二年六月七日	米GE社チャクラバーティが開発した改造微生物の特許申請
一九八〇年六月一六日	米合衆国最高裁判所がチャクラバーティを特許として認める判決（初めての生命特許）
一九八五年九月一八日	米特許庁が、植物特許を認める（ヒバード事件）
一九八七年	米レーガン政権、知的所有権戦略強化
一九八八年四月一二日	初めての動物特許、米国ハーバード大学のGMマウス登録される
八月	包括貿易法発効（スーパー、スペシャル三〇一条）
一九九一年二月	米国が国家バイオテクノロジー戦略打ち出す（大統領競争力諮問会議報告書、遺伝子特許を戦略として掲げる）
三月一九日	UPOV（植物の新品種保護国際条約）改正
六月二〇日	米NIH（国立衛生研究所）クレイグ・ベンターがDNA特許申請（後に取り下げる）
一九九四年四月	WTO体制に向けてTRIPs協定締結される
一九九五年一月	WTO（世界貿易機関）体制始まる
一〇月	特許における国際的ハーモナイゼーション（日米欧三極特許庁長官会議）
一九九八年一〇月六日	米ベンチャー企業インサイト・ファーマシューティカルズ社が初めて遺伝子特許取得（キナーゼ、EST特許）
一一月	日米欧三極特許庁長官会議（遺伝子は特許の対象）

二〇〇二年一二月六日	日本、国家バイオテクノロジー戦略打ち出す（ゲノム解析に集中投資）
二〇一〇年一一月	横浜で開催のＡＰＥＣで日本のＴＰＰ参加問題起きる
二〇一一年三月一一日	東日本大震災発生、東電福島第一原発事故発生
二〇一二年一二月	安倍政権発足
二〇一三年七月	日本政府ＴＰＰ協議に参加

[redacted]
59

情報公開制度で取り寄せた企業の資料やデータは、このように大半が墨塗りである。

第八章　福島第一原発事故の三年後と脱「脱原発」へ

原発復活へ

福島第一原発事故発生から三年が経った。事故発生直後は、世論の中に脱原発に向かう大きな潮流が生まれ、しかもすべての原発が停止しても電力供給に影響が出ないことまでも判明したため、もはや原発のない社会が現実化すると思われた。しかしながら、自民党政権が復活するとともに、政府は大きく原発推進に舵を切った。まだ事故発生から三年しか経っておらず、事故そのものも収束しておらず汚染は続いているというのに、である。

なぜだろうか。TPP参加を睨み、経済成長戦略を推進していく際に欠かせないのが原発だ、という認識があるからだと思われる。なぜ日本政府はこれまで原発を推進してきたのか。それには四つの要因があると考えられる。一つは、エネルギー安全保障の観点から。二つは、経済効果の観点から。三つは、軍事的な観点から。そして四つは、グローバル化に打ち勝つためである。原発は、日本経済の中にどっかりと根を下ろし、しかも国際競争力をもたらす「安いエネルギー」として、推進されてきた。そしていま、TPPへの参加を睨み、再び原発推進に向かって動き出したのである。

原発は「安い」電力生産の方法であり、産業界の活性化、経済成長に欠かせないとして、数字をはじきだしてきた。そこには事故が起きた際の補償や汚染除去対策などの費用はもちろん、廃炉や廃棄物処理などの費用も含まれていない。それらを計算に入れれば、原発には天文学的な費用が必要になり、安い電力ではなくなるからである。事故は起きないことを前提の上で、さらに廃棄物処理などの問題は後の世代につけを回すことで、安さが可能になっている。しかし、その安さを理由に、依存度を増やしてきた。

原発推進は、経済成長を追い求め続け、グローバル化を進める産業界にとって、必須のエネルギー源であり、事故が起きてなお、まだ必須のエネルギー源であり続けているのである。そのため、事故後においてまだ、原発推進を図ろうとする、産業界や政界の動きが作り出されているのである。

三年目に何が起きているか

では一九八六年に起きたチェルノブイリ原発事故が起きてから三年が経過した時、どのような事態が生じていたのだろうか。『技術と人間』誌一九八九年四月号が「チェルノブイリから3年」を特集、青山明弘氏が現地紙を翻訳し詳しく伝えている。それと比較してみよう。福島第一原発事故がその後たどった道と似ているのだろうか、また、どのような違いがあるのだろうか、検証してみよう。

チェルノブイリ原発があるウクライナは、事故後三年たった時点でも、まだ共産党政権下のソ連邦の一角だった。経済を最優先しており、事故を起こした四号機を除き、一～三号機は運転を再開していた。破壊された四号機は原子炉や瓦礫がコンクリートで固められ「石棺」と呼ばれた状態になっていた。間口一〇〇m、奥行二〇〇m、高さ五〇mという、巨大な原発の死体を収めた棺桶づくりが行われたのである。

当初、石棺は長期間持つと思われていた。しかし、実際には急ごしらえであると同時に、絶え間なく放射線にさらされるため、すぐに脆弱化が始まり、わずか五年で全面的な補強が必要になり、現在、二〇一五年完成予定で、石棺を覆う巨大シェルターの建設が進められている。しかし、溶けた燃料や汚染のひどいコンクリートや金属は手つかずのままで、処理の目途もたっていない。すでに事故を起こしてから二七年が経過している。

福島第一原発事故は、一～四号機が同時に事故を起こすという、空前の規模の大事故だった。全六機の廃炉が決まったが、事故炉は周りを簡単な覆いがしてあるだけで、放射能の大気中への放出はある程度抑えられてはいるものの、汚染水の流失は続いており、とても事故が終わったとは言えない状態にある。しかも事故を起こした原子炉の内部の状況は把握されていない。放射線が強すぎるため近づけないからである。

事故処理も、まず運転を行っていなかったためメルトダウンを起こさなかった四号機の未使用燃料と使用済み燃料を燃料プールから取り出す作業を始めた。その作業が端緒についた段階であり、トラブルもつづいており、先行きはまったく見えない。どのように事故を収束させるのか、破壊された原子炉の後始末をどうするのか、莫大な量になりつつある汚染した瓦礫や汚染水をどうするのか、まったく目途が立っていないのが現実である。

チェルノブイリ事故では、共産党機関紙『プラウダ』一九八九年二月二三日号に、ゴルバチョフ書記長が新しくできた町を訪問した記事とともに、八八の村、一万一〇〇〇の庭付き一戸建て住宅、学校、保育施設ができ、避難者は職を得て、暮らしに不自由していない、というキエフ州党議長の文書が掲載された。共産党政権は、事故後の住民への対応での成果を誇っているが、汚染がひどかったベラルーシでは、取り残された人々の間で健康被害が広がっていた。避難した人々もまた、もはや帰宅できないことを前提に、街づくりが進められていたことが分かる。

福島でも、避難を強いられた人たちは着の身着のままに家を出て、そのままいまだに帰れない人も多い。また、自主避難した人たちも多く、その範囲は首都圏を含む南東北や関東の広い地域に及んでいる。帰宅したり、一時帰宅を許可された家族もあるものの、いつ帰れるか分からない避難生活を強いられている家族も多い。帰宅が許されたとしても除染作業はずさんであるか、はかどっておらず、また事実上不可能な地域も広く、高い放射線の中を暮らすことを強いられることになる。

政府の方針も、帰宅困難区域を除き、住民を戻すことを前提にしているため、ソ連のような新しい町の建設はしてこなかった。また、そのような土地もないのが現実である。帰宅をあきらめた人は、東電からわずかな賠償はあるものの、自力で他の場所に家を建てるしかない。帰宅を考えている人の間で、現在、最も深刻に受け止められていることは、三年弱にわたり放置したことによる家屋の損傷である。ネズミなど動物の増加に伴う被害も深刻である。たとえ戻っても、住める状態ではなくなりつつある家が増えている。

専門家は影響を否定

チェルノブイリでは、科学誌『ネイチャー』一九八九年二月二三日号が、ベラルーシの汚染マップを発表したのを受けて、三月二〇日には共産党機関紙『プラウダ』が、初めて政府による公式の詳細な放射能汚染マップを発表した。遅きに失した感は免れなかった。しかも、その測定値に、専門家からは疑問が出された。また同紙は「測定値はすべて基準値を下回っており問題はない」ことを強調していた。

日本でも、当初、スピーディーによる情報が発表されず、情報パニックに近い状況が起きた。市民は「大丈夫、問題ない」という政府の発表を信用せず、インターネットに掲載される外国政府の情報を信頼していた。その後も、粗い汚染地図は出てくるものの、公式の詳細な汚染マップは出されておらず、経年変化も示されていない。南相馬市で調査している河田昌東さんによると、畑や平地での放射線量は着実に減少している。しかし、森や林の近くでは相変わらず高い数値を示しているという。原子力規制委員会の発表したデータでも、事故後七カ月と三〇カ月後では、半減しているとしている。しかし、これも空中からの測定であり、地上一メートルの値を大雑把に発表したものである。事故直後に汚染をもたらした放射能の中で寿命の短いものは消滅したが、実際には汚染は、それほど減少しているわけではない。

ソ連共産党指導部は、事故後、原発は二酸化炭素を出さず、温暖化対策にもなるクリーンなエネルギーであることを強調し続けた。そしてアルメニアの原発が閉鎖され、クリミヤの原発が建設中止になっていることに触れ、原発建設再開へ向けた動きをとったのである。日本でも、安倍政権は経済成長戦略を掲げ、「温暖化対策」にもなるとして、原発の再稼働に向けて動いている。しかもトルコなど世界各国への原発輸出の動きさえ示している。

チェルノブイリ事故の影響は深刻であった。『モスクワ・ニュース』一九八九年二月一九日号は、同紙記者がチェルノブイリから五〇km～九〇kmにあるナロジチ地区をルポした記事を掲載した。それによると、眼のあるところが肉の塊となっている豚など、異常な家畜誕生が相次いでいることが伝えられた。「以前このような異常な家畜が誕生したのは五年間で三頭だった。しかし一九八八年一月から九月の間で四一頭の豚、三五頭の牛で起きている」と書かれている。しかし専門家はこのような事態にさえ「放射能の影響とは決められない」と述べている。

チェルノブイリ事故にともなう子どもたちの甲状腺の異常の広がりが顕著になり始めたのが、この頃であった。日本でも子どもたちの間で甲状腺の異常が広がり始めている。福島県の子どもたちを対象に、県が行った甲状腺検査で、二〇一三年九月末現在で約二三万九〇〇〇人中五九人ががんやがんの疑いがあることが分かった。一人は良性だった。これは平均発生率の数倍から数十倍に達している。しかし、福島県立医大の専門家は「放射能の影響とは断定できない」と強調している。その後、甲状腺がんの診断が確立した子どもは三三人、がんの疑いのある子どもは四二人、計七五人に増えた（二〇一四年二月七日）。

以上のように、三年の経過は、違いもあるが類似している点が多いことが分かる。チェルノブイリ原発事故が起きた時、「あれはソ連の問題のある原子炉だから起きた」として、その後の対応の杜撰さも「共産党政権下のソ連だから」といっていたが、結局、日本政府も似たような対応をとっていることが分かる。

汚染水に象徴される事故は続いている

福島第一原発事故は終わっていない。それを象徴しているのが汚染水問題である。この事故の最大の特徴のひとつに、これまで人類が経験したことがない莫大な量の放射能が海を汚染した点があげられる。事故当初に、まず大量の放射能が海に流失した。とくに原子炉を冷却するため大量の放水があったが、それらが海に流れて行った。それだけではない、爆発で大気中に放出された放射能も、その多くが海の方向に流れていった。山や林、畑などを汚染した放射能も、次々と川を汚染し、やがて海に流れており、絶え間なく汚染は補給されている。道路や建物を除染した水も、徐々に川に流れ込み、やがて海に流れている。あたかも海は放射能の捨て場となってしまった感がある。加えて、汚染水問題が発覚した。貯蔵タンクからの汚染水流失が慢性化していることが明らかになった。フランジ型という早く大量に急造した粗製タンクに問題があり、そこから相次いで漏れ出ていた。二〇一三年八月に明らかになったタンク漏れの場合、三〇〇トン、二四兆ベクレルという途方もない数値だったことが明らかになっている。しかも、漏れは繰り返されている。この汚染水には、高濃度のストロンチウムとトリチウムが含まれている。しかも、タンクを囲む堰からの水漏れも相次ぎ、もはや汚染水流失は常態化している。

汚染水で最大の問題は、原発の敷地を通る地下水が原子炉建屋に入り高濃度に汚染されて海に流れていることにある。破壊された核燃料は実態も分からないまま高温で燃えており、冷却を続けなければならない。その冷却に用いた水が漏れ出ているため、その汚染水をセシウムだけ除去して再利用している。しかし、その循環に地下水が入り込んでくるのである。

現在、最大の汚染水の源は、その地下水である。福島第一原発の立地点は、阿武隈山系からの豊かな地下水が流れているところに立地し、いわば水の上に立つ原発とも言える状態に置かれている。その水が入り込み、高濃度で放射能によって汚染した水となって海に流れていると見られている。敷地には一日一〇〇〇トン流入し、その内四〇〇トンが建屋内に流れ込んでいる。その内一〇〇トンをくみ上げてはいるものの、三〇〇トンは海に流出している。その汚染は、一日六〇〇億ベクレルと計算されているが、実態は不明である。その後、地下水バイパス案が出されているが、その実効性は不明であり、また新たな汚染問題を引き起こす可能性もある。また、汚染水除去の切り札として登場した「多核種除去設備ＡＬＰＳ」も故障で使いものにならない状態が続いている。

そのほかにも汚染水は作られ続けている。台風などがもたらす大量の雨も、汚染水が漏れ出ていたタンクヤードに降り注ぎ、汚染された後、海に流されている。汚染水問題は、その膨大な量を前に対策はお手上げ状態だといえる。大量の放射能が、いま太平洋中に広がり、魚介類を汚染させつつ、その先端はアメリカ大陸に到着しつつあると見られている。

汚染した水が流れ込む港湾には、シルトフェンスが設置してあり、港湾内から汚染は広がっていないと述べているが、このシルトフェンスはミクロン単位のきめの細かな網目状で水の出入りはもちろん、水に溶けた放射能の出入りを防ぐものではなく、単に汚染を薄めて海に流しているだけである。このように現在もなお、海に向かって放射能は絶えず供給されている。海の水は汚染を薄めてくれるが、魚介類では濃縮される。水産庁の調査では、福島県沖で取れる魚に関しては、セシウムは着実に減少しているということである。しかし、福島県の沿岸や浅い場所、海底にいる魚介類の数値は下がっていない。水産庁の調査でも、カレイ、ヒラメ、マダラ、メバル、スズキの数値は相変わらず高いままである。各種調査でも、沖合の海底土中から高濃度のセシウムが検出されている。それは、汚染が供給され続けているからである。しかしながら放射能が海洋中をどのように移動するのかなど、基本的なことは何も分かっていないのが現実である。

除染と労働者・住民

福島に行くと、いたるところに除染のために削り取られた表土などが野積みされている。政府は、莫大な量に達しているこれら除染表土などを集積する中間貯蔵施設の建設を急いでいる。民主党政権時代は、東京電力が事故対応策を行うことを原則としていた。しかし自民党政権への移行後はそれが見直され、国が先導して、国費を投入して事故処理を進めている。その一つがこの中間貯蔵施設である。政府は当初、福島第一原発と第二原発の至近距離にある双葉・大熊・楢葉の三町を選定した。しかし、地元の反発を受け福島県は見直しを求め、政府も双葉・大熊の二町に変更したものの、先行きは不透明である。しかも、これはあくまで中間貯蔵施設であり、三〇年以内に福島県外で最終処分されることになっているが、そのまま中間貯蔵が継続する可能性が強い。その貯蔵施設設置場所の多くが帰宅困難区域であり、そこは除染すらされていない。もはや帰宅することはないことを前提にした、住民切捨て政策といっても過言ではない。

事故処理は、途方もない人海戦術による作業の繰り返しであり、現場の作業員による、いつ終わるか分からない事故の収束に向けた必死の努力が続いている。数千人もの人たちによる作業が、毎日コツコツと積み上げられている。作業は、一定の被曝線量に達すると中止が求められる。どんなに簡単な作業でも、被曝線量が高い場所ではすぐに止めなければならない。それでは効率が悪いとして、被曝線量を低く見せかけることもしばしば行われてきた。

国連科学委員会は、二〇一三年一〇月一二日、労働者の被曝線量が過小評価されており、内部被曝は政府や東電が発表した数字の二割は多い可能性があると指摘している。さらに問題なのは、労働者の健康管理の杜撰さである。数万という数の人が働いてきたが、第七次、八次まであるといわれている重層下請け構造の中で、健康診査すらまともに行っていない企業が多い。福島第一原発で働くことは、健康を犠牲にしての労働である。しかも重層下請け構造の末端で働く人たちは、除染の作業に当たる労働者よりも安い賃金だという。

住民にとって最も必要なのが除染である。二本松市で除染の現場に出あわせたが、コンクリートなどの表面を洗浄水で流すだけの簡単なものだった。すべてが同様とは言えないまでも、ゼネコンなどの収益をもたらしても、とても人々が住めるような状態に持って行く作業には見えなかった。さらには山や林などの除染は事実上不可能に近い。そのため政府も家屋の近く以外は除染の対象外にしている。その森林では、樹木を汚染した放射能が葉まで行き、それが落ちてまた汚染をもたらす、汚染の自然循環が起きている。いったん事故が起きれば、処理や解決がいかに困難かを如実に示している。しかし、政府や政権与党は、すでに終わったかのように喧伝している。それを象徴するのが、東京オリンピック誘致での安倍首相の「完全にコントロールされている」という発言である。

棄民政策

現在の事故対策は「棄民政策」に移行したといえる。原発で働く大量の下請け労働者は、使い捨て労働といっても過言ではない状態である。多くの農家が、汚染された田畑を前に苦悶する日々が続き、やっと作業ができ、収穫して測定して、放射能が検出されなかったり、ごくわずかしか検出されなくても、「福島産」「茨城産」などというだけで売れなかったり、買いたたかれる日々が続いている。漁師は魚を取ることができない日々が続き、やっと漁ができるようになったと思ったら、汚染水問題が明るみに出て、汚染との格闘を強いられている。

多くの住民が、いつ帰れるか分からない避難生活を強いられたり、帰宅に不安を抱えたり、家族の別居も多く見られるなど、家庭生活が破壊された。多くの被災者が生じたことで地域社会が丸ごと崩壊したケースもある。また避難生活が長期化することで、亡くなる人、心の病を抱えた人が増え始めていることも伝えられている。その意味でも事故は、多くの人びとの間で、深刻なまま継続しているといえる。

二〇一一年から毎秋、福島県二本松市に通い、何カ所かで話す機会を持っている。二〇一一年の秋は、汚染されている現実の中で放射能の話をしたが、私としても「何を話してよいか分からず」戸惑った。聴きに来る多くの人が、小さな子どもを持つ若いカップルだったり、妊婦だったたりで、深刻な話を聞いて、悩みを深めるばかりだった。その時、私の役割というのは聞き役に徹するのが一番だと認識した。それぞれの人が悩みを抱えていた。もっとも多かったのが、家族の問題だった。

例えば「じいちゃん、ばあちゃんが、野菜を作っていて、いいものできたからといって持ってくるのだが、子どもたちには食べさせたくない。どうすればよいか」。そんな日々の精神的負担が、多くの母親にのしかかっていた。そのほかにも家族の離散など、たくさんの悩みを抱えた人たちと出会った。その悩みを話す相手がいないことも悩みだった。

二〇一二年には、雰囲気が少し変わっていた。放射能に関して、あまり触れてほしくないという状況になっていた。二〇一三年になると、その雰囲気はいっそう強まった。しかし消費者と会話を重ねていくと、日々の暮らし中で、放射能と食の問題は大きな位置を占めていることを、改めて実感した。

事故は終わらず、除染も進まず、市民の放射能に対する不安は少なくなるどころか、むしろ増幅しているような状況にもかかわらず、政府は強引な帰還政策に踏み切った。年間二〇ミリシーベルトまでは問題ないとして、二〇一四年四月一日には一部地域の避難指示を解除し、強引に帰還を促すことになった。それとともに、個人線量計を配り、放射能の影響に関しては自己責任の問題だとしたのである。さらには、放射能の影響に対する不安を払しょくするため、リスクコミュニケーションを行うことを決め、そのための予算が付けられた。これまで市民の立場で、被害と向きあってきた自治体の現場の職員が、住民説得の側に立たされるという事態まで起きつつある。

事故の責任は問われず、推進に舵を切る

二〇一三年八月二二日、事故の被害者一九人が、国を相手取り、「原発事故子ども・被災者支援法」が放置されたままであるため、その実施を求めて裁判を起こした。国が、被災者の支援を行う気がないことに業を煮やした人たちが起こしたのである。

それだけではない。事故の責任も問われないままである。二〇一三年九月九日、原発を推進してきた官僚や東京電力の幹部に対して行った、福島県民を中心とした全国の市民が多数参加した集団告訴に対して、不起訴処分の決定が告げられた。これは福島地検から告訴団に伝えられたものである。事故の責任は問われないだけではない。安倍政権は、原発再稼働に加えて、原発輸出に向けて舵を切った。

安倍政権は、首相自らが主導権を握り、独裁的に矢継ぎ早に経済成長戦略を打ち出していることは、他の章でも述べた。二〇一二年一二月二六日、内閣発足と同時に日本経済再生本部（安倍本部長）を設置し、加えて経済成長戦略を策定する場として、産業競争力会議（安倍議長）をおくことを閣議決定した。経済成長戦略の双翼のひとつが、この産業競争力会議である。その産業競

争力会議がまとめた成長戦略に、原発再稼働と原発輸出が据えられたのである。それを受けて電力各社は早速、二〇一三年七月初めには原発再稼働を申請した。一二月六日には経産省がエネルギー基本計画案をまとめ、原発を「重要なベース電源」と位置づけた。

また、その直前の一〇月には安倍首相はトルコを訪問し、原発受注を正式に取り付けてきた。トップセールスである。その他にも、原発関連の技術や物資の販売を増やすために、インドなどいくつかの国々と原子力協定締結に向けた動きを加速させている。さらには東電支援額の上乗せも進め、被害者切り捨て、加害者優遇に政策を転換している。これは、棄民政策と裏腹の関係にある。

事故炉の現場で働く人々を棄て、農漁業ができなかったり、せっかく作ったり陸揚げした野菜や魚を買ってもらえない農民や漁師を棄て、避難していたり汚染地に住む人々の家族の人間関係や健康を破壊し、原発のない社会を望む人々の気持ちを踏みにじり、経済成長路線をひた走ろうとしている。

第九章　踏み込んではならない領域——核・バイテク・ナノテク

生命と相容れない核

ＴＰＰ参加を睨んだ経済成長戦略が、この社会をいっそう危険なものにしていく。踏み込んではいけない領域のさらに奥深くへ侵入しようとしている。その代表格が「核・バイテク・ナノテク」である。

原子力は、現代科学・技術が歩んできた大型化、高速化、複雑化、先端化を象徴する技術であり、人間がコントロールできない分野に踏み込んだ「非人間的技術」の代表といえる。このような科学・技術が踏み込んだタブーの分野には、そのほかにもバイオテクノロジー（略称バイテク）があり、新たにナノテクノロジー（略称ナノテク）が加わっている。原子力、バイテク、ナノテクに共通している点は、原子核、ＤＮＡ、ナノサイズという、極限ともいえる小ささであり、物質世界の本質を操作する点にある。

原子力は、原子核分裂の際に起きる物質量の減少が、巨大なエネルギーに転じる原理を利用したものである。この原理を見出したのが、アインシュタインだった。一九〇五年、彼は、それまで別のものと考えられていたエネルギーと質量を、実は同じものだと明らかにした。質量はエネルギーに変わる。ウラン二三五は、一kgが核分裂を起こすと一ｇもの質量がなくなりエネルギーに置き換わる。そのエネルギーは、二一兆五〇〇〇億カロリーという莫大な量であり、二〇〇〇トンの石油を燃やしたのに匹敵する。核分裂がもたらす莫大なエネルギー利用が、原爆や原発開発へと向かった。いわばパンドラの箱を開いた形となったのである。

原爆は、このエネルギーを一瞬に爆発させたものであり、原発は原爆をゆっくりゆっくり爆発させたものである。そのため一瞬の油断もできないコントロールが求められている。間違えると、原発が原爆の爆発状態となるからである。とはいっても、原発での核分裂連鎖反応は一〇〇〇分の一秒という単位でコントロールすることが求められており、人間の力では制御不能であり、コンピュータに依存せざるを得ない代物である。このコントロールを誤った結果、原発が原爆状態になったのが「チェルノブイリ原発事故」だった。暴走事故あるいは反応度事故と呼ばれている。

また、原発は核分裂反応がもたらす約二六〇〇℃という高温を用いて水を蒸気に変えて、発電用タービンを動かしている。問題は、このような高温に耐えられる材料がなく、燃料棒のさやは約一九〇〇℃で溶融してしまう。水が熱を奪うことで、かろうじてさやの表面は三四〇℃に保たれ、燃料棒は維持されているものの、水が失われると燃料棒が溶け出し、封じ込まれていた死の灰などの放射性物質が環境中に放出されてしまう。福島第一原発事故は、このケースである。

原発事故の状況を振り返ってみよう。地震の揺れによって原子炉の運転は停止された。しかし、すぐにやってきた津波により非常電源までもが失われたため、冷却水の循環が奪われ、水が沸騰し続けた。沸騰した水は蒸気となって、原子炉の圧力を上昇させた。圧力上昇による原子炉の破壊から守るために設置された、圧力逃がし弁から水はどんどん原子炉建屋へと逃げて行った。水が失われると、燃料棒がむき出しになり溶け始めた。燃料棒が溶ければ、中に封じ込められていた放射能が水蒸気とともに原子炉建屋に充満し始める。さらに、それと同時に、燃料棒に用いられている金属が触媒の役割を果たし、水が分解され水素と酸素が発生する。その水素も酸素も原子炉建屋に充満し始めるのである。その水素が酸素と反応すると水素爆発が起きる。この水素爆発によって、放射能の雲が日本列島を襲ったのである。この事故の経緯は、すべて想定されたとおりである。

原発はこのように原理的に無理があり、人間がコントロールできない領域で行われている。そこが、問題なのである。放出された放射能は、細胞やDNAを傷つけ生命体に致命的な影響を及ぼすことになる。しかも、なかなか消えてはくれない。何世代にもわたり、その影響をもたらし続ける。

史上最悪の原発事故となった福島第一原発事故がもたらした放射能は、私たちが生きるためにもっとも大切な、食べ物、水、空気までも汚染した。この日本列島で、汚染から免れた地域はごくわずかだといえる。しかも、食べ物は、日本中を流通するため、ほとんどの市民が被曝から免れることは難しい状況をもたらした。

脱原発が実現しなければ、原発事故はまた起きる。広島・長崎の教訓が生かされず、スリーマイル島事故・チェルノブイリ事故の教訓が生かされず、福島第一原発で事故が起きた。またこの事故の教訓が生かされなければ、再び事故は起きる。そうすれば汚染や健康破壊が広がり、第一次産業が致命的な被害を受け、差別や人権侵害が繰り返される。いったん事故が起きれば、その被害額は、天文学的な数字になる。その費用は、最終的には電気料金や税金の形で、市民に押し付けられる。こうなると、原発を運転すること自体が、許し難い犯罪であるといえる。

放射能汚染の影響が広がっていくのはこれからであり、数十年先まで、時には世代を超えて受け継がざるをえない負の遺産といえる。私たちはいま、否応なく、この負の遺産を抱えながら生きていかざるを得ない。しかし、これ以上負の遺産を増やすことは許されない。すべての原発を廃止させることが必要である。

世界が食べられなくなる日

原発と並びタブーの分野に踏み込んだのが、バイオテクノロジーである。

原発と遺伝子組み換え食品の共通点を描いたフランス映画が、二〇一三年に日本での上映が始まった。ジャン・ポール・ジョー監督の「世界が食べられなくなる日」である。この映画では、仏カーン大学の分子生物学及び内分泌学者のジレ・エリック・セラリーニなどの研究チームが行った、GM食品をラットに食べさせた食餌実験が追跡されていく。ラットの寿命が短くなり、雌のラットで乳がんが巨大化するなど、さまざまな健康障害が起きていくのだった。

それと同時に、福島第一原発事故を取材し、核と遺伝子の共通性を示していく。事実、両者には共通点が多い。極小のところに本質があり、一方は物質の本質ともいえる原子核を分裂させ、他方は生命の本質ともいえるＤＮＡを操作している。本質を操作して、その無限に近い可能性を引き出し、利用している点が共通している。

また、放射能汚染にしても、遺伝子汚染にしても目に見えず、感じることもできない。多くの人が気づかないうちに、手遅れになる大きな被害を引き起こす危険性を持っていることも共通している。

核と遺伝子の両者とも、国が推進する大型プロジェクトとして、多額の予算がつく国家戦略として、開発が進められてきた。それとともに、原子力村、バイオ村ともいうべき、利益共同体が形成され、批判する科学者やジャーナリストなどを徹底して叩く手法をとり、差別してきたのである。二〇世紀を核の世紀とするならば、二一世紀は遺伝子の世紀になる可能性がある。作物以外にも、バイオテクノロジーは無限の可能性と危険性を併せ持って開発が進められてきた。

遺伝子操作

ここでは、バイオテクノロジーの問題点を浮き彫りにした、ふたつの出来事を取り上げることにしよう。そのひとつが、遺伝子組み換え作物の栽培が拡大したことが原因で、新たな生物が出現し、作物に打撃をもたらし、家畜の流産を引き起こしている、というケースである。

この微生物は電子顕微鏡でしか見えない小さな病原体で、すでに広範に広がっており、動植物だけでなく、人間の健康にも有害な影響を与える可能性があると指摘されている。この新種の微生物は、遺伝子組み換え作物がもたらしたと思われる。

現在、遺伝子組み換え作物として出回っているものには、除草剤耐性作物と殺虫性作物がある。前者は、ラウンドアップのような植物すべてを枯らす除草剤に耐性をもたらしたものである。そうすると除草剤を撒いた際に作物だけ生き残り、雑草をすべて枯らすことができるため、省力化・コストダウンになるというのが売り文句だった。また、殺虫性作物は、作物自体に殺虫毒素ができるため、害虫が死ぬか寄りつかなくなり、これも省力化・コストダウンになるというのが売り文句だった。

この新種の微生物は、除草剤ラウンドアップ耐性の大豆やトウモロコシ製品に高濃度で含まれている。植物では、収穫を大幅に減らす原因になっている、大豆の突然死症候群とトウモロコシの立ち枯れ病にかかった植物から、この微生物が多量に検出されている。

動物では、自然流産や不妊になった多種の家畜の体内にこの微生物が存在することが確認されており、臨床実験でも流産を引き起こすことが確認されている。この微生物が含まれる小麦飼料を与えられ妊娠した雌牛一〇〇〇頭のうち四五〇頭が流産し、同時期に微生物が含まれない牧草を与えられた雌牛一〇〇〇頭では一頭も流産しなかった、というデータもある。

遺伝子組み換え技術のように生命体を内部から改造することは、自然を内側から破壊することに等しい。時には致命的な影響をもたらしかねない。その一つの事例が、ここであげたような予期しない生物の誕生によって引き起こされるバイオハザードである。原子力のような顕在化する激しい破壊力はないものの、静かだが広範に影響を及ぼす危険性がある。

もう一つの事例は、人間が初めて合成した人工生命についてである。二〇一〇年五月二一日、米国のJ・クレイグ・ベンター研究所が合成細菌を作成したと発表した。人間が合成し生命を誕生させたのである。「人間が神に限りなく近づいた瞬間」といえるかもしれない。

すでに述べたように、クレイグ・ベンターは、米国NIH（国立衛生研究所）の研究者時代、ゲノム解析に取り組み、一九九一年には初めて、遺伝子特許を申請して話題となった人物である。その後、セレーラ・ゲノミクス社を設立して、ヒトゲノム解析を猛スピードで行うと宣言、実際、それを行った人物である。二〇〇〇年六月二六日、ホワイトハウスで行われた「ヒトゲノム解析終了記念の式典」に、クリントン大統領と並び、祝った人物でもある。

そのベンターが、ヒトゲノム解析が一段落した後、新たな目標に設定し、取り組み始めたのが、この合成生命である。人間が合成した遺伝子で働く生命体は、これまで地球上に存在しなかった。その生命体誕生のニュースは、世界中を驚かせた。環境や人体に及ぼす影響は予測がつかず、環境中への放出を禁止すべきだ、という意見が相次いだ。これまで地球上に存在しなかった生命体が環境や人体に及ぼす影響は計り知れない。

今回は、合成したDNAを導入した生命体だといっても、まだ自然界にあるDNAの構造をそつくりコピーして合成したものを導入したにすぎない。そのため同研究所としては、次の段階として、ゲノムを自由に設計して、それを導入することを目指している。さらに次の段階では、ほかの生物への応用を目指すことになる。それは「生物ロボット」と呼ぶものになる。もし、人間が自在にＤＮＡを合成して、その遺伝子で働く生命体が誕生すると、ＳＦの世界でしかあり得なかったことが、現実のものになる。それによって、いままで自然の仕組みの中で存在していた生命が激変する可能性がある。地球上の生命を脅かす、他の生命体の存在といえば、宇宙からやってくる侵略者以外は考えられなかった。まもなくパソコン上で人間が設計した生命体が、地球上の生命を脅かすことになりそうだ。

最初の微生物の事例は、意図しないで誕生した新たな生命体がもたらしつつある災害であり、後の合成生命は、人間が作り出した新たな生命体が今後もたらす可能性がある災害である。これら未知の生命の誕生は、人間を含むありとあらゆる生命にどのような危害をもたらすかわからない。後戻りできるうちに止めなければ、とてつもない大災害を招く危険性がある。

ナノテクノロジー

私たちが日常つき合っている単位は、せいぜいミリメートルまでである。その一〇〇〇分の一がマイクロメートル（μm）、さらに一〇〇〇分の一がナノメートル（nm）、さらにピコメートル（pm）、フェムトメートル（fm）、アトメートル（am）とつづく。

もし一ナノメートルを一㎝で表わすと、ハガキの大きさは、実に日本の国土の四倍になってしまう。遺伝子を作っているDNAの大きさが二ナノメートル、インフルエンザウイルスが八〇ナノメートル。それほどとてつもなく小さな世界である。

ナノテクで最初に開発されたのが、カーボンナノチューブである。けた違いに軽くて強い繊維が作れるとあって注目され、その開発や応用でしのぎを削った競争を繰り広げてきた。しかし、そのカーボンナノチューブを扱う工場から排出される副産物によって、河口にすむ小甲殻類の死亡率が増加し、発育遅延が起きているということが判明していくのである。

その後、中国の研究チームが全米科学アカデミー紀要で、ナノ材料が存在していると大腸菌からサルモネラ菌へと、数十から数百倍の割合でプラスミドの移動が起きやすくなるという論文を発表した。プラスミドは核外遺伝子と呼ばれ、細菌間を移動する遺伝子で、抗生物質耐性菌を増やす役割も果たしている。ナノ材料によって細胞の表面が傷つくことが、その理由のようである。

ナノテクの応用先の一つが化粧品である。日焼け止めクリームでは、通常のクリームでは効果が弱いため、粒子化することで透明度を上げ効果を高くしてきた。紫外線の波長がナノサイズであることから、より小さな粒子にすればするほど効果が上がり、現在はナノサイズの粒子にして用いられている。日焼け止めクリームに用いられる酸化チタンは、一マイクロメートル以上の大きさではほとんど効果が出ない。そのためナノという単位にしている。サイズを小さくすると、表面積が大きくなり、化学反応を起こしやすくなり、効果も増す。しかし、同じ物質でも通常のセンチやミリのサイズでは考えられない有害性を持つことが考えられる。

酸化チタンのほかにも、抗菌剤などに用いられる銀、塗料・コーティング剤・化粧品などに用いられる酸化亜鉛・燃料触媒などに用いられる酸化セリウムなどが、主に効果を上げるために用いられている。ナノ粒子化した銀によって、微生物が損傷を起こすことも明らかになっている。

市民は、それが持つ潜在的な危険性を知らされないまま、数多くの製品に応用されるようになった。特に問題なのが、粉末状態で飛散した場合、いったん肺の中に取り込まれると排出が困難になり、細胞や組織を傷つけることになる。そのため、ナノテクをアスベストの二の舞になりかねないと指摘する科学者もいる。

肺からさらに血液系に入り込み、さまざまな細胞や組織内で悪さをする可能性がある。皮膚から体内に侵入する危険性もある。細胞に入り込むと、その細胞の活動を妨げ、細胞死をもたらしかねない、と指摘されている。

脳や血管の損傷を引き起こしたという動物実験例も報告され、将来大規模な健康破壊が発覚するのではないかと懸念されているほどである。ましてや長期にわたる人の健康への影響については、ほとんど何も分かっていないのが現実である。

福島第一原発事故に続き、遺伝子操作、ナノテクの影響がこれから、じわりじわりと広がっていくことが予想される。踏み込んではいけない領域に踏み込んだつけは、放射能汚染の次に何をもたらすのだろうか。

ＴＰＰ参加は、この踏み込んではいけない領域深くにさらに入り込み、激しい競争をもたらすことになりかねない。このまま放置すれば、地球と心中することになるかもしれない。

第十章　グリーン経済という虚構と我々が望む未来

我々が望まない未来

ブラジルのリオデジャネイロで、二〇一二年六月一三日から二二日まで地球サミット「リオ＋20」が開催された。国連環境会議が開催したもので、一三日から一九日まで事務局レベルの会議、二〇日から二二日まで首脳級会議が行われた。

この地球サミットは、一九七二年にスウェーデンのストックホルムで開催された「国連人間環境会議」がきっかけになり、国連環境会議が設立され、以降、同会議が主催して一〇年ごとに開催されてきた。一九七二年は、世界的に公害問題が深刻化し、被害が国境を越え始めたことから、その対策を講じるために開かれたもので、日本からは水俣病の被害者が参加して波紋を投げかけた。

一九九二年にリオデジャネイロで開催された会議では、地球環境問題が深刻化したことから、二つの大事な条約である、温暖化対策のための気候変動枠組条約と、熱帯雨林など自然破壊から地球を守るために生物多様性条約が可決・成立し、成果を上げた。その後、二〇〇二年に南アフリカのヨハネスブルクで「リオ＋10」が開催され、一〇年後の検証が行われ、二〇年後には再びリオデジャネイロで「リオ＋20」が開催され、二〇年間の総括が行われ、新たな目標が出されることになっていた。その新たな目標として打ち出されることになっていたのが「グリーン経済」

への移行である。グリーン経済の理念を確認し、その理念に基づいて「我々が望む未来」を宣言、設定される工程表に従って世界各国が持続可能な開発に取り組むことになるはずだった。

グリーン経済とは、簡単に言うと、再生可能エネルギーや資源の循環などを柱とした持続可能な社会を基盤にして、経済成長を推し進めるというものである。このグリーン経済へ向けて世界全体を移行させるために、二〇〇八年に国連環境会議が「グリーン経済イニシアティブ」を立ち上げた。しかし、環境と経済成長は両立し難い。その矛盾がそのまま、この地球サミットでも露呈する形となったのである。

先進国と途上国が鋭く対立したまま会議は推移し、このままいくと何も決まらない最悪の状態となった。なぜだろうか。グリーン経済への移行を推進しているのは主に先進国であり、とくにEUが積極的だった。そこには環境で世界規模のビジネスを展開しようという思惑があった。それに対して途上国は、環境保護を前面に据えると経済成長が阻害されると考え、提案に強く反対した。そして先進国に対して、交換条件として資金面や技術面での援助を求めた。

このパターンは、この間開かれてきたさまざまな環境関連の国際会議で、いつも繰り返されてきた。途上国は、いかに先進国から資金を引き出すか駆け引きを行い、先進国は資金をちらつかせて妥協点を探ってきた。その中で、日本政府はいつも多額の資金提供を約束してきた。しかし、「リオ＋20」は違った。不況の真っただ中にいる先進国に、その余裕はなかった。資金提供を約束できないばかりか、自国の経済状況がままならない中で、主要先進国で首脳会議に大統領なり首相を送り込んできた国は、フランスだけだった。

このように先進国と途上国の対立が続き、歩み寄りがないまま決裂寸前に至った。そのため議長国であるブラジルが対立点を丸ごと削除する荒療治を行い、中身を骨抜きにした宣言文「我々が望む未来」を提案し、無理やり成立させたのである。そのため環境保護団体は、この宣言を「我々が望まない未来」だと皮肉った。こうして「リオ＋20」は、ほとんど成果を上げられないまま終幕を迎えた。

バイオ燃料と代替エネルギーの問題点

グリーン経済とは、すでに述べたように、再生可能エネルギーや資源の循環などを柱とした持続可能な社会を基盤にして、経済成長を推し進めるというものである。しかし、今日の経済は、市場原理を基盤にしたグローバル化の中にある。そこでは環境問題はいつも、経済成長の阻害要因という位置づけのまま今日に至っている。環境問題に取り組むとしたら、それは環境そのものがビジネスとなること、あるいは市場経済の原理と矛盾しないことしかありえなかった。

その前者の代表格が、バイオ燃料などの代替燃料だといえる。後者の代表格が、二酸化炭素の排出量取り引きだといえる。前者の代替燃料から見ていくことにしよう。

代替エネルギーの主役としてバイオ燃料の火付け役になったのが、米国ブッシュ（息子）政権である。二〇〇五年八月八日、ブッシュ大統領がエネルギー政策法改正に署名し、新エネルギー戦略を本格的に掲げた。「脱石油」を提唱、その柱のひとつに「バイオ燃料」の推進を掲げたことから、原料のトウモロコシ価格が急上昇を始めた。そこに石油価格高騰で作られたオイルマネーが、投機資金として流れ込み、トウモロコシ価格の異常ともいえる高騰をもたらしたのである。

ブッシュ政権に対して、バイオ燃料推進を強力に提言し続けてきたのが、穀物メジャー（国際穀物資本）だった。ADM（アーチャー・ダニエル・ミッドランド）社、カーギル社といった巨大企業である。穀物価格高騰によって最も利益を得たのも、この穀物メジャーである。これまでも穀物メジャーは、トウモロコシや大豆など、穀物の消費先を増やしてきた。肉食を増やし飼料の需要を増やしてきた。その結果、中国が大きな購入先になった。トウモロコシをプラスチックの原料にし、その需要も拡大してきた。さらには加工食品の原料にトウモロコシや大豆を用いるよう働きかけてきた。その結果、日本では二〇一一年のお米の消費量が年間八〇五万トンであるのに対して、トウモロコシの消費量は一五五〇万トンであり、お米の約二倍もトウモロコシが消費されるようになったことは、すでに第二章で述べた。穀物消費量だけから見ると、日本人の主食は、いつの間にか米からトウモロコシになってしまった。もちろんこのことは、数字上の比喩だが、実際、スーパーなどに並んでいる加工食品や飲料の大半にトウモロコシ由来の原料が使われているのが現実である。

これにバイオ燃料が加わった結果、穀物生産が減少しているわけでもないのに、価格が一挙に高騰し、その高値が慢性化したのである。二〇一三年現在、米国では生産されるトウモロコシの中のバイオ燃料に回される割合は四割程度と見られている。値段が上がったのは、トウモロコシだけではない。つづいて大豆や小麦、さらにはお米までもが値上がりした。世界の人々が主食としている食べものが相次いで値上がりし、慢性的な穀物価格上昇が起きたのである。

ブッシュ政権を引き継いだオバマ政権が飛びついたのが、グリーン・ニューディール政策である。この政策の基本は、環境への巨大投資であり、「環境配慮型」の新商品開発と巨大システム化による、経済活性化である。この政策は、二〇〇八年に米国の財団が打ち出したもので、オバマ大統領は、再生エネルギーへ一五〇〇億ドルを投資するなどで、大規模な雇用を創出するとした政策を発表して注目を集めた。ここでの力点は、経済活性化に置かれている。いまの社会は、大量生産・大量流通・大量消費・大量廃棄が限界に達したところにいる。そこに環境が破壊されている根源的な原因がある。それは経済優先・企業優先の姿勢がもたらしてきたものである。その構造はそのままにして、さらに新たな経済活性効果を狙ったものであり、けっして環境をよくしようというものではないことは明らかである。

エネルギー政策では、バイオ燃料とともに、太陽光や風力発電が量産体制に入り、建設が進められている。日本では、福島第一原発事故後のエネルギー政策の見直しの中で、それらの自然エネルギー利用が急ピッチで進められるようになった。自然エネルギーも小規模な段階では目立たなかったが、巨大システム化すれば問題点が浮かび上がってくる。例えば、太陽光発電が盛んになっているが、作れば作るほど希少資源を食い尽くすだけでなく、この発電システムが寿命に達した時に、膨大な始末に負えないゴミが発生する。風力発電も、巨大化し広がったために山を切り開くために自然を破壊し、住宅地に接近して建設されるケースも増えて、低周波公害などの健康被害拡大を招いている。小規模で、環境との共生を考えながら建設されている時は「良い技術」だったのに、巨大化・量産化が図られるとともに「悪い技術」に転じてしまう。それは環境軽視、経済成長優先が招いているといえる。

市場経済の論理としての排出量取り引き

地球温暖化問題がクローズアップされる同時に、アル・ゴア元米副大統領が環境保護の旗手になった。そのゴアは、炭素（排出量）取り引き市場の提案者である。炭素税は経済的な不利益をもたらすが、炭素取り引きは利益をもたらすからよいのだ、というのである。「市場経済」で環境問題を解決しようというのが彼の思想である。しかも彼は、この炭素取り引きを国連気候変動枠組条約締約国京都会議（ＣＯＰ３）で提起したのである。現在、世の中を最も根底で腐らせているのが、この市場経済を基盤としたグローバル化である。環境破壊も例外ではない。環境破壊を引き起こしている市場経済の論理を、環境問題の解決に用いるというのであるから、解決に向かうはずがない。

地球温暖化対策では、二酸化炭素排出で厳しい規制の網をかけると、先進国の経済活動が制約を受けることになる、という懸念が一部の先進国から出されつづけた。京都会議の中で、その対応策として登場したのが、ゴアが提起した二酸化炭素の排出量を取り引きする考え方である。この排出量取り引きは、ヨーロッパ連合を除く九カ国（米国、日本、オーストラリア、ロシア、カナダなど）によって提案された。二酸化炭素を大量に排出している米国や日本などの国や企業が、排出に余裕のあるロシアなどの国、あるいは企業から排出する量を購入できるようにする、という考え方である。経済活動に制約を受けるのを嫌った国と、排出権を売ることで外貨獲得が可能になると考えた国の思惑が一致して提案された。当時、市場規模は二〇兆円に達すると試算され、一大経済活動として位置づけられた。

この排出量取り引きは、植林を行うことで、二酸化炭素を削減するような活動も含まれている。例えば、ロイヤル・ダッチ・シェルは、チリ、ニュージーランドなどに広大な土地を購入し、植林を行っている。この森林用地購入によって、自社に課せられる二酸化炭素削減義務を相殺できる上に、余剰の権利を他社に売ることができる。しかも、その植林で育った森林資源を用いて、自然エネルギーの一つであるバイオマス発電を行い、化石燃料に代わる新規事業を展開することもできる、というのである。

排出量取り引きに熱心な企業は、いずれも大規模な二酸化炭素排出源をもつ企業であり、自らは排出を抑制せず、カネで権利を買い、あわよくばビジネスチャンスを広げようとしている。大国や大企業主導によって、環境もまた、カネによって取り引きされるようになってしまった。その先鞭をつけたのがアル・ゴアである。

地域循環型社会へ

では、どのような環境問題への取り組みが、地球にやさしく、人間にも優しいのだろうか。いま経済は、市場経済を基盤としたグローバル化にまい進している。この延長線上に未来はない。脱市場経済化、脱グローバル化が私たちの向かうべき道であり、それは経済の国境の壁を高くして、地域を主体にした社会である。

国やグローバル化に対抗していかなければ、地域の自治を守ることはできない。その対抗手段として、地域の自立を目指した取り組みが広がっている。その一つの試みが、地域循環型社会である。

地域循環型社会とは、基本的には、その地域で出た生ごみから堆肥を作り、食の自給を図る取り組みである。まず、ゴミの分別の徹底、減量化とリユースの徹底、生ごみの堆肥化が基本である。そのためには、環境にやさしい暮らし方が求められる。合成洗剤の追放、農薬や化学肥料を減らし、あるいは無くす取り組みを行っているところも多い。これにエネルギーの地産地消が加われば、本格的な地域循環型社会が実現する。

ごみについてであるが、まず減量化が進められることが前提である。その上で徹底した分別が行われ、リユースによってさらに減量化が進められる必要がある。徳島県上勝町のように、実に三〇以上に分別することで、ごみゼロ化を目指している自治体もある。その上で、生ごみの堆肥化である。その堆肥を用いて食と農の村おこし、町おこしを進める。

農薬や化学肥料を使わない代わりに、地域で出る生ごみを堆肥化して使用する。福井県池田町ではこの堆肥を、土壌に魂を込めたとして「土魂壌」と名付け、町で使用するだけでなく、堆肥そのものを販売するようになった。その土魂壌で作られた野菜などは「池田ブランド」となって信頼を得て、福井市にある店舗には消費者がひっきりなしに訪れるようになった。同様の取り組みを行っている町が、宮崎県綾町である。この綾町で確立した有機農作物の認証の仕組みが、日本の有機農作物認証制度の基礎になった。

いま各地域で村おこし町おこしが進められているが、その際、多くのケースで食と農がベースになっており、その食と農の在り方は、ほとんどが有機農業や環境保全型農業と地産地消である。

グローバリズムは、輸入食品を増大させ、地域の食文化を破壊し、食の安全を脅かしてきた。長い歴史の中で人々はその地域にあった食材を作り、食べてきた。それがもっとも自然な形の食文化である。そのため地産地消は、もっとも理想的な形といえる。生産者の間で、有機農業を実践する人が増えている。地域に根付いて農業を生業とし、環境に配慮した生き方を選ぶ人が増えてきたのである。それに伴って、伝統的な日本の食卓の復活という動きも強まっている。

これにエネルギーの地産地消を加えると、地域主体の社会が見えてくる。小規模で多様な自然エネルギーを組み合わせ、しかも地域で生産して、地域で消費することが、今後のエネルギー生産の最も理想的なあり方だといえる。もちろん全部を地産地消で賄うことは難しいかも知れないが、遠方から購入する電力を最小限にしていくことは可能である。

地産地消は、電気の輸送距離を短縮させることができる。原発は長距離輸送を前提にしている。東京電力は、自社の営業範囲に原発を持たない。福島、新潟で、いずれも東北電力の営業範囲である。事故が起きた際のリスクを考え、首都圏から離れた地に設置したのである。そのため送電線を敷設して延々と遠方から電気を送っており、その間に電気は電磁波となって失われてしまう。新潟から首都圏に至る過程で二割以上失われると考えられる。しかも、電磁波は人々の健康を蝕む。

エネルギーの地産地消で最も注目して良いのが、川の急流を利用した流れ込み式の小型水力発電所である。ダムをつくらない環境保全型水力発電である。これに小型の太陽光・風力・バイオマスなどを組み合わせていけば、エネルギーの自給自足への道が開けていく。小規模な段階では、作るのも簡単であり悪い影響はほとんどない。スケールメリットがないため、ごく一部の利用にとどまるが、そのかわり原発のような廃棄物にかかる費用や、石油火力や石炭火力がもたらす廃煙・廃水の処理にかかる費用などもほとんど必要としない。原子力に投じた莫大な資金や、これから原発事故の後始末にかかる天文学的費用を考えれば、わずかな費用で実現可能である。

地球環境を守る社会とは、中央管理型でも、巨大集中型でもなく、分散型である。単一のものではなく、多様性を大切にする在り方である。専門家によるものではなく民衆的なもので、化石燃料多消費型ではなく、再生可能で持続可能な方法を用いる。自然を支配するのではなく、自然と共生するものである。そのような社会にこそ、「我々が望む未来」がある。

おわりに

カネと民主主義

現在、世界に君臨する帝国・米国がどのような国なのか、それを象徴する出来事から見ていく。二〇一二年にはカリフォルニア州で、二〇一三年にはワシントン州で行われた住民発議による、住民投票である。住民が法案を作り、署名を集め、一定数に達すると住民提案で投票が行われ、支持が多数を占めると州法として制定されることになる。直接民主主義の最たるものといってよい。

二〇一二年一一月六日に、世界が注目する中、米国大統領選挙が行われ、民主党の現職のオバマ大統領が再選を果たした。この選挙の際に、もうひとつ大きな争点となった投票が行われた。それがカリフォルニア州で行われた住民発議による遺伝子組み換え食品（ＧＭ）表示法案（プロポシション三七）の是非を問う投票である。

二〇一二年一月、この発議は一人の主婦によって提案され、大きな運動になった。提案された際には、「GM食品表示」を支持する人は九〇％前後に達していた。当初の予想では、成立すると考えられていた。その後、選挙戦が進み、九月二七日付『ロサンゼルス・タイムズ』紙が行った世論調査では、法案の支持六一％、不支持二五％、態度保留一四％だった。しかし、食品産業やバイテク産業による四六〇〇万ドルという巨費を投じて、三〇分に一回繰り返される「表示をすると価格が上がる」などのテレビCM攻勢によって反対が増え続け、一〇月二五日に行われた世論調査では、法案の支持四四％、不支持四二％、態度保留一四％まで後退し、最終的には法案支持四六・九％、反対五三・一％によって、このGM食品表示法案は否決された。この投票結果について、法案支持を呼び掛けてきた団体「正しい表示」代表のゲーリー・ヒルシュベルクは、「驚くべきカネと嘘の勝利」と述べた。三〇分に一回、コマーシャルを打ち続けるという、「カネがもたらす洗脳」が表示法案を葬り去ったのである。

翌二〇一三年一一月五日にはワシントン州で、同様の住民発議による投票が行われた。この時も、GM食品を表示すべきだという人は当初、九〇％を超えていた。これに対して、前年のカリフォルニア州同様、食品産業やバイテク業界が巨額の資金を集め、テレビ・コマーシャルを行った。最終的には、賛成四五・二％対反対五四・八％で前年のカリフォルニア州と同様に否決された。これらの投票が意味することは、住民投票という、米国ならではの民主主義の基本が存在している一方で、その民主主義がカネで支配されているという現実である。

米国という帝国においては、カネを持つものが政治を支配するという、実に簡単明瞭な構造にある。多国籍企業などの巨大企業は、議員をカネで買収するだけではない、裁判官まで買収している。巨額を投じてロビー活動を展開し、企業にとって都合が悪いことは排除し、都合がよいことは促進する。しかも、そのカネに糸目をつけないやり方で、テレビのスポット広告によって、思うままの大衆操作を行っている。そこには戦略を知りつくした広告代理店の存在がある。

ゴールデンライスに反対して引き抜きを行うフィリピンの市民

カネの力で大衆を動かすのが広告戦略であるとすれば、政治を動かす仕組みを最も端的に表しているのが「回転ドア」と呼ばれる人事である。回転ドアとは、同じ人物が政府の高官と企業の役員などの間を行ったり来たりすることを指している。回転ドア人事を最も有効に利用している企業が、モンサント社である。多くの人間を政府高官に送り込んできた。その象徴的人物がマイケル・テイラーである。モンサント社の顧問弁護士からFDAの高官になり、一九九三年には悪名高いモンサント社の「牛成長ホルモン剤」の承認を行っている。

その後、オバマ政権でも再びＦＤＡの要職に戻るなど、モンサント社と政府高官を行ったり来たりしている。

この回転ドア人事の中には、司法にかかわる人物もいる。最高裁判事になったクレメンス・トーマスなる人物である。モンサント社が特にその力が発揮したのが、共和党ブッシュ（息子）政権で、モンサント社人脈は三人の閣僚を送り込んだ。一番有名なのは国防長官ラムズフェルド、それからアン・ベネマン農務長官でこの人物は現在、アムネスティのトップに君臨している。それに司法長官となったアシュクロフトである。企業の中心人物がいつの間にか政府高官になり、政府高官がいつの間にか企業の役員になり、利権のために動く構造ができている。これほど回転ドアを有効に利用している企業もない。

次のオバマ政権になっても、この関係は続いている。多国籍企業にとっては、共和党であろうが、民主党であろうが関係ない。どちらに政権が移行しようが、回転ドアは回り続けている。オバマ政権になり新たに就任したトム・ヴィルサック農務長官は、アイオワ州知事時代に同州を一大ＧＭコーン地帯にしたことで、「モンサントの友人」と呼ばれた人物である。またアフリカへの食料戦略を進める要職（国際食料政策研究所のディレクター）に元モンサント社の国際政府担当職にあったジュディス・チェンバースを任命している。

この回転ドアは、モンサント社だけが行っているものではなく、米国の政治そのものといってよいだろう。カネを持つものが、政治を支配できる。多国籍企業が巨大な力をため込み、政治を動かしている。その支配力を自らの利益のために活用している。その多国籍企業が、その力を次々と国境を越えて広げてきており、さらにその力を発揮できるようにするのが、自由貿易協定や経済連携協定である。

当初はこのような協定は、二国間や数カ国間にとどまっていたが、徐々にＴＰＰのような形で広域にまで拡大を図ってきている。その多国籍企業の世界規模での活動を守っているのが、「世界の警察」としてふるまっている米国の軍隊の存在である。米軍が多国籍企業を守り、多国籍企業が世界の国々から吸い上げた富がまた米国の政治を動かすために使われている。

最初に述べたように、グローバリズムは、「戦争」状態と同じものだといっても過言ではない。あるいは「戦争」そのものといっていいかもしれない。その主戦場として、アジア太平洋に向けて展開しているのがＴＰＰであるとすれば、大西洋では欧米間の自由貿易協定（ＦＴＡ）交渉として展開されている。

注目される欧米自由貿易交渉の行方

二〇一三年七月から欧米自由貿易協定（ＦＴＡ）の交渉が始まった。これは次のステップとしてＴＰＰの大西洋版であるＴＴＩＰ（環大西洋貿易投資協定）を目指すもので、オバマ米大統領が進めている貿易倍増計画に向けた取り組みの一環でもある。この間、米国エドワード・スノーデン元ＣＩＡ職員によって国家安全保障局による個人情報収集が判明し、フランス政府が交渉開始延期を求めるなど紆余曲折を経たものの、予定通り交渉が開始された。この交渉での最大の論争点が、牛肉や遺伝子組み換え作物を中心にした食料・農業問題である。欧米間の利害が最も対立し、立場の違いが鮮明で、今後の交渉の行方が注目されている。

交渉を前に、二〇一三年五月二三日、ＥＵの立法機関に当たる欧州議会が、この交渉における米国産遺伝子組み換え（ＧＭ）作物に対して、重大な懸念を決議した。ＥＵでは自由貿易交渉は、ＥＵの行政機関である欧州委員会が権限を持つため、この決議に拘束力はない。しかし、協定を批准する際には議会の承認を得なければならないため、この決議が事実上の拘束力を持つことになる。

二〇一四年初め、ＥＵで商業栽培が認められているＧＭ作物は、米モンサント社の除草剤耐性トウモロコシ「ＭＯＮ810」だけであった。それまでは、ＧＭジャガイモが承認されていたが、取り消されたためである。欧州司法裁判所第二最高裁は、二〇一三年一二月一三日、ドイツ企業ＢＡＳＦ社が開発したＧＭジャガイモ「アムフローラ」について、欧州委員会による栽培・流通の承認を取り消す決定を行った。ハンガリー政府が提訴し、オーストリア、ポーランド、フランスなどの政府が支援する形で、司法の場で争われ、この決定となった。欧州委員会のこの承認がＥＵの規則にのっとっていない強引なものだった、というのがその理由である。これによりＥＵで承認されているＧＭ作物は、モンサント社の「ＭＯＮ810」だけとなったのである。

それでも二月一三日新たに米国パイオニア社が開発した「１５０７」が新たに承認された。承認はされたが、栽培される目途はたっていない。というのは、多くのＥＵ加盟国が栽培禁止を貫いているからだ。また厳密な表示制度をとっているため、ＧＭ食品がほとんど流通していない。このことが米国の食料戦略と真っ向からぶつかる構図となっている。

欧米自由貿易交渉の行方が注目されているときに、モンサント社が事実上、ＧＭ作物に関してヨーロッパ市場から撤退することになった。まず二〇一三年五月に同社は、現在、ＧＭ作物を栽培しているスペイン、ポルトガル、チェコの三カ国を除き、事実上欧州から撤退することを表明した。ＧＭトウモロコシの生産を、この三カ国以外の国で停止させ、開発や試験栽培、マーケティング、訴訟などの費用を一切かけないことにするというものである。

さらに同年七月一七日には、ＥＵに提出していた新たなＧＭ作物の認可申請をすべて取り下げることを明らかにした。ＥＵは一九九八年に「ＭＯＮ810」を承認して以降、同社の新たなＧＭ作物は一切承認しておらず、これ以上、力を注いでも、ＧＭ作物の市場開拓は見込めないと判断したと見られる。しかし同社の種子ビジネスは、ヨーロッパでも好調であり、今後は、従来品種（非ＧＭ品種）の種子の生産と交配への投資を拡大していく計画だという。

なお欧州委員会は一九九八年に、「ＭＯＮ810」の一〇年間の栽培を許可したが、とっくの昔に期限が切れている。二〇〇七年にモンサントがその延長を申請したのだが、審議は事実上凍結された状態にある。現在、「ＭＯＮ810」は、スペインなど三カ国で栽培が行われていると述べたが、これは事実上、違法状態を既成事実化しているものといえる。

ＥＵ構成国ではオーストリア、ブルガリア、フランス、ドイツ、ギリシャ、ハンガリー、ルクセンブルク、ポーランドの八カ国が、自国内でのＧＭ栽培を禁じている。最近でも、オランド仏大統領が、モンサントのＧＭトウモロコシ「ＭＯＮ810」の栽培禁止措置を継続することを表明し、反対する姿勢を改めて示している。禁止を宣言していないイタリアでも、農業大臣など三人の大臣がＧＭ作物栽培禁止法案に署名した。また欧州委員会に対して、現在、違法状態にある「ＭＯＮ810」の承認取り消しも求めている。

禁止を宣言しているハンガリーでは、モンサントのＧＭ種子を使っているすべての畑の作物の破棄処分を決め、二〇一三年春、国内の約五〇〇ヘクタールで栽培されていたトウモロコシが焼却処分された。ハンガリー政府はこれまでにも何度か、モンサントの種子に由来する作物を破棄したことがあるが、ＥＵは域内での産物の自由な流通を方針としているため、種子が国境を越えて入ってくる経路を調べることはできない。そのため今回のように違法に栽培されることがあり、焼却措置が繰り返されている。

また、流通業界でも、五月初め、ヨーロッパの大手スーパー・チェーン各社がブリュッセルに集まり、大豆の主要生産国であるブラジルの非ＧＭ大豆生産システムの支援を約束する「ブリュッセル大豆宣言」を採択した。家畜飼料用の非ＧＭ大豆の生産量が減少して確保が困難なのでＧＭ不使用の方針を転換する、と主張するイギリスのスーパーに対して、ブラジルでの生産量は十分に確保されており、むしろヨーロッパへの非GM大豆の輸入量は増加傾向にある、と反論する意図もあるようだ。

このようにGM作物の問題だけを見ても、欧米自由貿易交渉が簡単にまとまるとは思えない。この欧米間のFTA交渉が、どのような推移をたどるか、TPP交渉の行方を見る上でも注目されている。

稲と野菜の支配へ

米国が進める食糧戦略の主役が、遺伝子組み換え（GM）作物である。二〇一四年に入り、バングラデシュでGMナスの苗が農家に提供され、作付けが始まった。一月二二日にバングラデシュ農業研究所は、殺虫性（Bt）ナスの苗の分配を開始した。殺虫性作物とは、作物自体に殺虫毒素があり、害虫が寄り付かないようにした作物である。これは、その日に開催された同研究所主催の式典で、同国の農業大臣が二〇人の農家にBtナスの苗を配布したもの。これはバングラデシュでは最初に栽培されるGM作物であるとともに、初めて本格的に栽培されるGM野菜の苗でもある。現在、中国でGMトマトやピーマンが、米国でGMカボチャが栽培されているが、地域が限定されている。いよいよ野菜でもGM作物が広がりそうである。

このGMナスは、もともとモンサント社のインド法人であるマヒコ社が開発したもので、安全性に問題があるということもあって、農家や消費者の抵抗が大きく、最初に栽培を目指したインドで栽培できず、次に目指したフィリピンでも栽培できず、バングラデシュで栽培されることになった。

次に登場することになりそうなGM作物がイネである。遺伝子組み換え作物を推進している国際組織のISAAA（国際アグリバイオ技術事業団）が、二〇一四年二月一三日、世界での二〇一三年の遺伝子組み換え（GM）作物の栽培面積を発表すると同時に、これからの予測を立てており、その中で触れられている。

フィリピンで、ゴールデンライスの作付けがまもなく始まるだろうと予測している。このゴールデンライスが、GMイネで最初に栽培されそうな品種である。このイネは、スイス・シンジェンタ社が開発した、ベータカロチンを増やしたイネで、「ビタミンAライス」とも呼ばれている。ベータカロチンは体内に入った際にビタミンAとなるからである。栄養価を高めた初めての遺伝子組み換え食品となり、今後、このような栄養機能食品を増やしたいと考えている種子企業にとっては、期待の星でもある。またコメは、小麦と並び世界の人が主食としている穀物であることから、市場性もあり、このゴールデンライスを突破口に、GMイネや小麦の市場化を目指す狙いもある。

このGMイネがフィリピン各地で試験栽培されてきた。これに対して同国の農民・市民が引き抜き運動を行ってきた。このイネを推進してきた国際イネ研究所（IRRI）は、この引き抜きに影響されないと述べ、商業栽培を進める予定である。トウモロコシ、大豆などに続き、コメ、小麦を制覇できれば、世界の食糧はほぼ支配できる。

貧困の再生産

このように多国籍企業による食料支配が着々と進んでいる。この支配の強化が、各国の農と食、環境を破壊しつつある。もちろんグローバリズムは、農や食、環境を破壊するだけではない。それぞれの国が持つ固有の制度や文化まで破壊する。巨大企業には富をもたらし、多くの貧困層をつくり出し、世界規模で格差社会をつくり出しており、その格差は日に日に増幅している。

多国籍企業が企業活動を拡大する手段として最も有効に利用しているのが、インターネットなど国際的な通信ネットワークである。このネットワークは、同時に、市民の国際連帯ももたらしてきた。世界中の環境保護団体が、温暖化問題などで、共闘するなど、多分野で共同行動がとられており、もう一つのグローバリズムということができる。このもう一つの国際連帯運動の代表に「ビア・カンペシーナ（農民の道、本部アフリカ・ジンバブエ）」がある。一九九二年に設立された国際的な農民の運動体で、現在、二億五〇〇〇万人もの農民が参加している。農民は、世界中どこの国でも切り捨てられ、顧みられない存在になっている。それがこのような世界規模での巨大な運動を作り上げてきた。

しかし、九九％を占めるといわれている貧困層が持つ不満は、連帯だけではなく、そのはけ口を時には激しい行動に向かわせるケースも多い。宗教での原理主義や、排外主義に向かったり、自爆テロに向かうこともある。貧困層が先進国にまで広がったことから、この行動は、それぞれの国や地域の違いはあるものの、世界各地で起きている。不満は蓄積され、いつそれが爆発しないか分からないところも多い。そのような国内に蓄積している不満を、領土問題などを通して外に向かわせることは、権力者の常とう手段であり、日本も例外ではない。韓国や中国に対して憎悪をあおり、竹島や尖閣諸島といった領土問題に目を向けさせることで、その不満を国内に向けさせないようにしている。しかし、このことは一歩誤れば、戦争への道につながる。

また、グローバリズムは、経済の国境の壁を壊すため、各国に政治の仕組みに介入してきた。規制緩和に始まり、その国の統治形態や機構、仕組みに変化をもたらし、流動性を引き起こしてきた。中央銀行や貨幣制度も例外ではない。

その結果、経済の仕組みも不安定になり、流動性が増幅している。その流動性をさらに増幅させているのが、インターネットを介した実態を持たない「電子マネー」である。電子化したカネが、巨額の投機や投資となって、ボタン一つの操作で右から左に動き、光のスピードで世界中を駆け巡っている。わずかな時間での変化を利用して儲けようとする不動資金が次々と生まれ、そのことがまた、新たな投機性の高い金融商品を生み出したりして、さらに不安定化、流動化を増幅している。その増幅がさらに貧困層の増幅をもたらしている。その一つの例をオイルマネーに見ることができる。産油国に集まる巨額のオイルマネーは先進国にとどまり、投機や投資となり、電子マネーとなり飛び交っている。それにより利益を得る人や企業はごくわずかであり、その富が自国の市民に還元されることはない。こうして、豊かなはずの産油国でも市民生活は貧しいままに置かれ、貧困層が再生産されている。

貧困は人口の増大をもたらす。途上国では人口爆発が起きている。豊かさは人口減少をもたらす。先進国では少子化が起きている。このように人口問題は社会的な構造がもたらすものであり、貧富の問題と密接につながっている。現在、途上国を中心に起きている人口爆発は、貧困がもたらした結果である。その人口爆発が、さらに貧困層を直撃するという悪循環が起きている。その最も強いしわ寄せを受けているのが子どもたちである。世界中で多くの子どもたちが飢えで苦しみ、栄養失調で健康を害し、命を落としている。また、生き伸びることができたとしても、教育を受ける権利が奪われ、労働に駆り出されている。

グローバリズムは、「戦争」状態と同じものであり、あるいは「戦争」そのものといっていいかもしれない。いま必要なのは、この「戦争」を止めさせる市民の反戦の力であり、国際的な連帯の力だといえる。

[著者略歴]

天笠　啓祐（あまがさ　けいすけ）

1947年東京生まれ。早大理工学部卒。現在、ジャーナリスト、遺伝子組み換え食品いらない！キャンペーン代表、市民バイオテクノロジー情報室代表

主な著書『原発はなぜこわいか』（高文研）、『脳死は密室殺人である』（ネスコ）、『Q&A 電磁波はなぜ恐いか』『遺伝子組み換え食品』『ＤＮＡ鑑定』『食品汚染読本』『Q&A 危険な食品・安全な食べ方』『世界食料戦争』『生物多様性と食・農』『東電の核惨事』『Ｑ＆Ａ遺伝子組み換え食品入門』（以上、緑風出版）、『この国のミライ図を描こう』（現代書館）、『くすりとつきあう常識・非常識』（日本評論社）、『いのちを考える40話』（解放出版社）、『バイオ燃料』（コモンズ）、『遺伝子組み換えとクローン技術100の疑問』（東洋経済新報社）、『地球とからだに優しい生き方・暮らし方』（つげ書房新社）、『遺伝子組み換え作物はいらない！』（家の光協会）、『暴走するバイオテクノロジー』（金曜日）ほか多数。

ＴＰＰの何《なに》が問題《もんだい》か

2014年5月30日　初版第1刷発行　　定価1800円＋税

著　者　天笠啓祐 ©
発行者　高須次郎
発行所　緑風出版
〒113-0033　東京都文京区本郷2-17-5　ツイン壱岐坂
[電話] 03-3812-9420　[FAX] 03-3812-7262 [郵便振替] 00100-9-30776
[E-mail] info@ryokufu.com [URL] http://www.ryokufu.com/

装　幀　斎藤あかね
制　作　R 企 画　　印　刷　中央精版・巣鴨美術印刷
製　本　中央精版　　用　紙　大宝紙業・中央精版　　E1200

ISBN978-4-8461-1406-0　C0036